Einfach NÄHEN
GLITZER

Layout: Bernadett Linseisen

Bildnachweis: Stefanie Brugger (S. 22); Claudia Günther (S. 16-20, 21, 53-55, 57-59, 61-62, 69, 71-72); Svenja Mohrbach (S. 23, 85); Janine Piatkowski (S. 6-15, 24-39, 46-51, 64-67, 74-83, 90-95); Julia Romeiss (S. 40-45); Vipasana Roy (S. 21 oben, 52, 57 oben); Katja Schubert SHOT FOTOGRAFIE (S. 56, 59 unten, 60, 63, 68, 70, 73, 84); Patrick Wittmann (S. 86); Petra Wünsche (S. 87-89)

Texte: Delari (S. 6-15, 26-39, 48-51, 64-67, 76-83, 90-95); Claudia Günther (S. 16-21, 52-63, 68-73); Svenja Morbach (S. 22-23, 84-85); Julia Romeiss (S. 40-45); Petra Wünsche (S. 86-89)

Lektorat: Roberta De Righi

Gedruckt bei Polygraf Print, Capajevova 44, 08001 Presov, Slowakei

www.emf-verlag.de

Einfach NÄHEN
GLITZER

NÄHPROJEKTE MIT
PAILLETTEN-, METALLIC-
UND GLITZERSTOFFEN
FÜR KINDER

INHALT

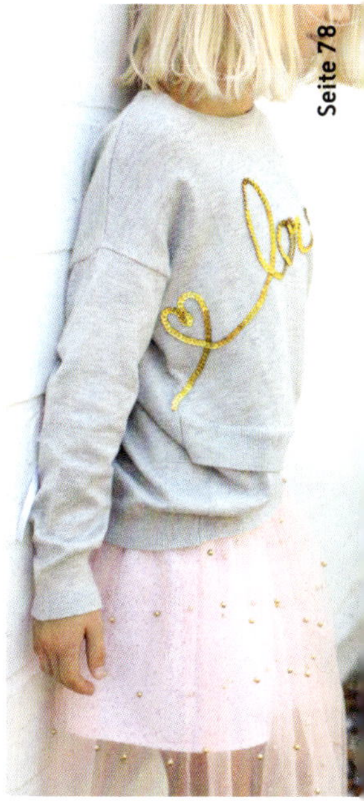

ZUM DEKORIEREN

FÜR UNTERWEGS

ZUM ANZIEHEN

MATERIAL

FÜR DIE PROJEKTE IM BUCH BENÖTIGST DU FOLGENDE MATERIALIEN:

- Haushalts-Nähmaschine
- Stoffschere zum Zuschneiden der Stoffe
- Zackenschere, um die Nahtzugabe bei Rundungen zurückzuschneiden, damit legen diese sich nach dem Wenden besser
- Stoffklammern sind perfekt für alle empfindlichen Stoffe und auch beim Nähen mit Kindern
- Kam-Snap-Zange und Ahle, um die Plastikdruckknöpfe einzubringen
- Handmaß, braucht man immer, um noch mal schnell etwas abzumessen
- Sicherheitsnadel, um Gummibänder durch Tunnelzüge zu ziehen
- Trickmarker, zum Markieren. Der Vorteil eines Trickmarkers ist, dass die Markierungen nach einiger Zeit von selbst verschwinden
- Teflonfuß für Kunstleder u. ä. Stoffe
- Textilkleber, Stylefix® und Vliesofix®, um je nach Projekt etwas zu applizieren

Stoff-KUNDE

WEBWARE – NICHT DEHNBARE STOFFE

Webware bezeichnet Stoffe, die in der Herstellung gewebt werden. Sie bestehen aus Kett- und Schussfäden. Dadurch sind die Stoffe kaum bis gar nicht dehnbar.

Hierzu gehören z. B. leichte Baumwollstoffe, die sich super als Futter für die Krimskramstasche eignen, aber auch Canvasstoffe, die schön fest und robust im Stand sind.

Webware sollte man immer am Schnittrand versäubern, da dieser sonst ausfranst. Einfach mit einem Zickzackstich am Rand entlanggehen und schon sicherst du den Stoff gegen Ausfransen an den Nähten.

Vernähen kann man Webware super mit einem einfachen Geradstich in der Länge 2,8 oder 3,0.

MASCHENWARE – DEHNBARE STOFFE

Ein Stoff ist elastisch, wenn er gewirkt oder gestrickt ist = Maschenware.

Hierzu gehören z. B. alle Jerseyarten. Diese fransen an der Schnittkante nicht aus und müssen daher auch nicht versäubert werden. Damit die Nähte von dehnbaren Nähwerken nicht reißen, sondern „mitgehen", müssen sie mit einem elastischen Stich genäht werden. Das kann der einfache Zickzackstich sein, oder du schaust in der Beschreibung deiner Nähmaschine nach, welcher der dehnbare Stich ist. Dieser sieht von außen besser aus. Beim Zickzackstich entstehen oft große Lücken an der Naht. Je enger der Zickzackstich gewählt wird, umso unelastischer wird er.

PAILLETTENSTOFF

Es gibt viele verschiedene Arten an Paillettenstoffen. Schau bei deinen Pailletten, wie fest diese sind, und ob du einfach mit der Nähmaschine darübernähen kannst. Teste es vorher vorsichtig, indem du per Drehen am Handrad die Nadel deiner Maschine steuerst. Im Zweifel entferne die Pailletten einfach aus dem Bereich der Nahtzugabe, dann bist du auf der sicheren Seite.

WENDEPAILLETTEN

Auch hier gibt es verschiedene Varianten, aber hauptsächlich sind die Pailletten in den Webwarestoff mit eingewebt. Schneide hier nicht mit deiner guten Stoffschere zu, denn Pailletten machen diese schnell stumpf.

Die Pailletten sind sehr hart und verlangen deiner Nähmaschine und auch deiner Nähnadel einiges ab. Entferne hier auf jeden Fall die Pailletten aus der Nahtzugabe, auch damit du ein schönes Ergebnis erzielst. Diese Mehrarbeit erleichtert dir das Nähen später ungemein.

KUNSTLEDER

Auf einem textilen Grundträger wird eine Kunststoffschicht aufgetragen, um eine lederähnliche Optik und Haptik zu erzeugen. Hierzu zählt auch der Stoff, der komplett mit Glitzer überzogen ist. Es gibt sehr viele verschiedene Kunstleder-Qualitäten.

Am besten verwendest du für Kunstleder immer einen Teflonfuß. Dieser klebt nicht auf dem Stoff, und so gleitet das Kunstleder perfekt unter der Nadel entlang.

Bei Kunstleder immer nur mit Stoffklammern und nicht mit Stecknadel heften, denn gesetzte Löcher schließen sich meistens nicht mehr. Verwende hier eine Universal- oder Microtex-Nadel, aber bitte keine Ledernadel. Ledernadeln sind für Kunstleder absolut ungeeignet, denn sie schneiden das Material, was bei Kunstleder schnell dazu führt, dass der Stoff unschön ausreißt.

Vernähen kann man hier sehr gut mit einem langen Geradstich mit einer großen Stichlänge von 3,0, besser ist sogar 3,5. Sonst perforierst du das Kunstleder und läufst Gefahr, dass es an der Naht reißt.

PVC

PVC bekommst du überall dort, wo du auch Tischdecken als Meterware erhältst. Dieses hat ganz ähnliche Eigenschaften wie das Material Kunstleder.

Verwende den Teflonfuß und eine möglichst große Stichlänge. Hier wurde bei PVC mit einer Stichlänge von 5,0 gearbeitet.

FLEXFOLIE

Sie ist zwar kein Stoff, aber mit Flexfolie kannst du dir deinen Wunschstoff mit glitzernden oder holographischen Dekor-Elementen herstellen.

Dafür nimmst du deinen Wunschstoff und bügelst nach den Herstellerangaben deiner Flexfolie dein Muster auf den Stoff. Du brauchst dafür nicht zwingend einen Plotter, denn einfache Motive kannst du auch mit der Hand ausschneiden. Dreiecke und Kreise aus Glitzerfolie machen deinen Stoff direkt zum Designer-Stoff.

Du kannst deinen Stoff auch komplett mit holografischer Folie bebügeln. Aber dann verwende nicht dehnbaren Stoff, sonst löst sich die Folie, weil sie nicht elastisch ist und die Dehnungen des Stoffes nicht „mitgeht“.

LUREX-
JERSEY
WEBWARE
WENDE-
PAILLETTEN
PVC
PAILLETTEN-
STOFF
FLEXFOLIE
KUNSTLEDER
FLEXFOLIE

Näh-
GRUNDLAGEN

ALLES ZUM SCHNITTMUSTER

Auf dem Schnittmusterbogen findest du alle Schnittmuster, die für dieses Buch entwickelt wurden.

Die einzelnen Schnittmuster kannst du dir auf extra dafür geeignete Kopierfolie abzeichnen oder du nimmst dicke Malerfolie aus dem Baumarkt.

Alle Schnittmuster sind mit 1 cm Nahtzugabe angelegt.

Was bedeutet Fadenlauf?

Der Fadenlauf verläuft immer parallel zur Webkante.

Beim Zuschneiden elastischer Stoffe ist es besonders wichtig, auf den Fadenlauf zu achten, damit der Stoff sich später auch in die richtige Richtung dehnt.

Bei Webware hilft dir, der angegebene Fadenlauf ebenfalls, denn er zeigt dir an, in welche Richtung das Muster liegen soll.

WAS SIND KNIPSE?

Knipse sind kleine Markierungen innerhalb der Nahtzugabe, die du vom Schnittmuster auf deinen Stoff überträgst. Dazu knipst du mit der Stoffschere ganz kleine Schnitte in den Stoff, genau dorthin, wo die Markierungen sein sollen.

Beim Zusammenfügen einzelner Schnittteile helfen dir diese Markierungen/Knipse dabei, alles passgenau zusammenzustecken.

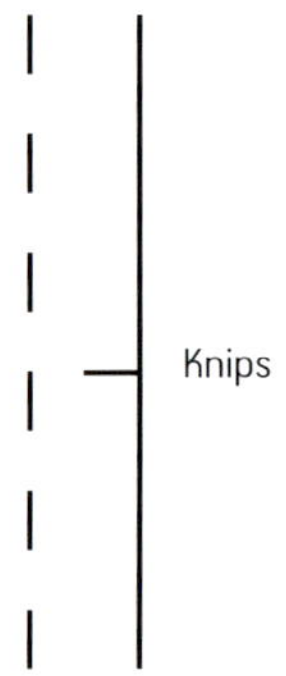

DIE NÄHMASCHINE

Alle Projekte sind darauf ausgelegt, dass du diese mit der Haushalts-Nähmaschine nähen kannst.

Grundlegend wird in diesem Buch der Geradstich mit einer Stichlänge von 3,0 verwendet. Je nach Material kann das aber variieren.

Informiere dich vorher, welche Stichlänge und welchen Stich dein Material benötigt. Eine kleine Auflistung findest du in der Stoffkunde ab Seite 7.

Wenn ein ander Stich als der Geradstich verwendet wurde, wurde dies in der Anleitung vermerkt.

Verwendete Sticharten in diesem Buch:

Geradstich
Dieser Stich wird bei Webwaren verwendet, den nicht dehnbaren Stoffen. Die Voreinstellung für die Stichlänge ist hier immer 3.0.

Zickzackstich
Verwende diesen Stich als dehnbaren Stich und zum Versäubern der Kanten von Webware. Um den Zickzackstich als elastischen Stich zu verwenden, lasse die Stichlänge wie voreingestellt und die Stichbreite veränderst du je nach Material auf 0,5–1,5. Je schmaler der Zickzackstich eingestellt ist, desto weniger elastisch ist er.

Nähen mit KINDERN

ERSTE TIPPS

- Nehmt euch Zeit!
- Langsam nähen, stellt die Geschwindigkeit der Nähmaschine, wenn möglich, runter.
- Kleine Scheren für kleine Hände!
- Trickmarker zum Übertragen des Schnittmusters.
- Stoffklammern sind sicherer als Nadeln, dann kann sich niemand verletzen.

DIE ERSTE NAHT

Lass dein Kind seine erste Naht auf Papier machen. So bekommt es das Gefühl für die Nähmaschine und hat keine Angst davor, etwas falsch zu machen. Wenn es sich auf dem Papier sicher fühlt, kann es auf Stoff wechseln. Dafür eignet sich am besten nicht dehnbares Material, da es nicht so rutscht.

AB WIE VIELEN JAHREN KÖNNEN KINDER NÄHEN?

Das ist unterschiedlich. Je nach Fingerfertigkeit zwischen 6 und 8 Jahren.

Probiert es aus und nehmt euch Zeit … die ersten Projekte müssen wirklich nicht so groß sein. Erinnere dich, wie aufgeregt du vor deinem ersten Projekt warst. Für Kinder ist es noch viel aufregender, also beginnt mit einem ganz einfachen Projekt, welches ein Erfolgserlebnis garantiert. Je einfacher es ist, umso schneller kommt man ans Ziel und ist danach auch motivierter, das nächste Projekt zu starten.

Zwei Projekte in diesem Buch sind wirklich kinderleicht und schnell umzusetzen, nämlich der Haarreif-Halter auf Seite 34 und das Lesezeichen auf Seite 38. Sie sind mit dem Icon „Da kann ich mithelfen" gekennzeichnet:

WAS FÜR EINE NÄHMASCHINE?

Für die ersten Projekte muss es nicht gleich eine eigene Nähmaschine sein, lass dein Kind testen, ob dieses Hobby überhaupt etwas für ihn oder sie ist.

Wenn es dann doch irgendwann eine eigene Nähmaschine sein soll, kann ich aus Erfahrung zu einer Einsteigermaschine raten, die das Tempo kontrollieren kann. Das heißt, es gibt einen extra Knopf, mit dem man die Geschwindigkeit von ganz langsam bis schnell einstellen kann … zunächst langsam zu nähen, nimmt deutlich die Angst vor der Nadel.

So könnt ihr euch langsam rantasten und die Geschwindigkeit erhöhen, wenn dein Kind zum Nähprofi wird.

WIE EIN PROJEKT ANGEHEN?

Suche zusammen mit deinem Kind ein Nähprojekt aus. Nehmt euch Zeit dafür und sucht auch euer Material dafür aus. Es gibt nichts Schöneres als dieses Strahlen in den Kinderaugen, wenn sie wie die Großen ein Projekt planen können. Natürlich mit einer Menge Glitzer.

Dann arbeitet ganz entspannt nach der Anleitung. Hier wurde Schritt für Schritt beschrieben, wie ihr am Ende zu eurem Werk kommt. Vergesst dabei nicht das Motto „Perfekt ist langweilig!", denn erst eine schiefe Naht oder auch ein anderer kleiner Patzer machen das Werk besonders und individuell.

Am Ende steht dein Kind ganz stolz da und kann sagen: „Das habe ich selbst gemacht." Gibt es ein tolleres Gefühl?

Tipps und TRICKS

KEINE ANGST VOR DEM REISSVERSCHLUSS-EINNÄHEN

Viele haben Angst, einen Reißverschluss einzunähen, das ist aber gar nicht so schwer, wie du denkst. Hier sind ein paar Tricks, wie du das ganz easy schaffen kannst.

Es gibt verschiedene Arten von Reißverschlüssen. Die mit vorgegebener Länge, wie z. B. Ein- und Zweiwege-Reißverschlüsse und Reißverschlüsse zum Öffnen oder auch nicht zum Öffnen. Es gibt auch Endlosreißverschlüsse (Meterware), die man individuell auf die jeweils benötigte Länge kürzen kann und dann einen Zipper aufziehen muss. Diese besitzen aber keinen Stopper am Ende, sodass man den Zipper über das Ende hinaus abziehen kann. Daher muss man hier beim Nähen etwas aufpassen, dass der Zipper nicht runterrutscht, bevor man die Reißverschlussenden gesichert hat.

Hier wurde ein Endlosreißverschluss verwendet, denn die sind perfekt für Taschen und andere kleine Projekte.

Für den Reißverschluss benötigst du einen Reißverschlussnähfuß, der ist eigentlich bei jeder Nähmaschine als Grundausstattung im Lieferumfang mit dabei.

Mit dem Reißverschlussfuß kannst du nur den Geradstich verwenden!

1.
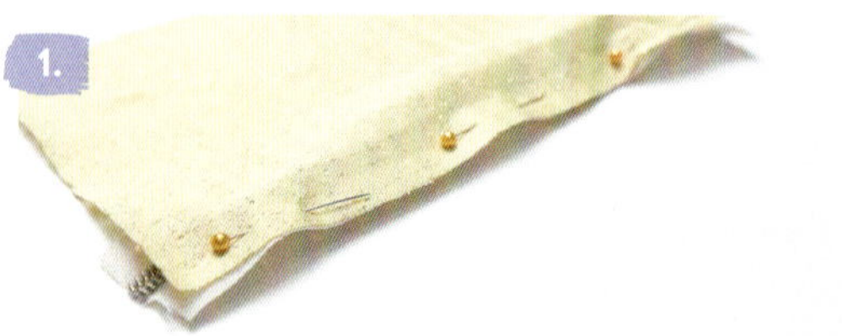

2.

3.

1. **Reißverschluss fixieren**
Lege den Stoff rechts auf rechts auf den Reißverschluss und stecke ihn fest. Du kannst hier auch Stylefix® nutzen, um den Reißverschluss zu fixieren, dies kann aber deine Nähnadel verkleben.

2. **Offene Kante schließen**
Nähe jetzt mit dem Reißverschlussfuß an der offenen Kante entlang. Du kannst den Reißverschluss während des Nähens öffnen und schließen, sollte dein Zipper im Weg sein. Dies machst du auf beiden Seiten deines Reißverschlusses.

3. **Nahtkanten absteppen**
Wenn dein Material es verträgt, solltest du unbedingt die Nahtkanten von außen glatt bügeln und dann den Reißverschluss von außen noch einmal absteppen. Fertig, das war es schon!

WENDEÖFFNUNG

Es gibt zwei Arten, die Wendeöffnung zu schließen: Entweder klappst du die Nahtzugabe nach innen und steppst sie von außen knappkantig mit einem Geradstich ab. Das ist zwar nicht die hübscheste, aber die schnellste Lösung.

Oder, wenn du nicht möchtest, dass man die Wendeöffnung später sieht, schließt du sie von Hand und verwendest dafür z. B. den Matratzenstich. Damit wird die Naht unsichtbar zugenäht.

1. **Garn einfädeln**
Fädle Garn in eine Handnähnadel, lege es doppelt und verknote es am Ende mit einem Doppelknoten. Lege die Nahtzugabe nach innen, bügle und fixiere sie nach Wunsch mit Stylefix®. Der erste Stich geht von innen nach außen, direkt durch die Bügelkante.

2. **Einfädeln**
Stich von der linken Seite genau in dem Bügelfalz mit der Nadel ein und komme 2–3 mm weiter, wieder genau in dem Bügelfalz, zurück.

3. **Fertigstellen**
Wiederhole dies, bis deine Wendeöffnung geschlossen ist, ziehe den Faden fest und verknote ihn.

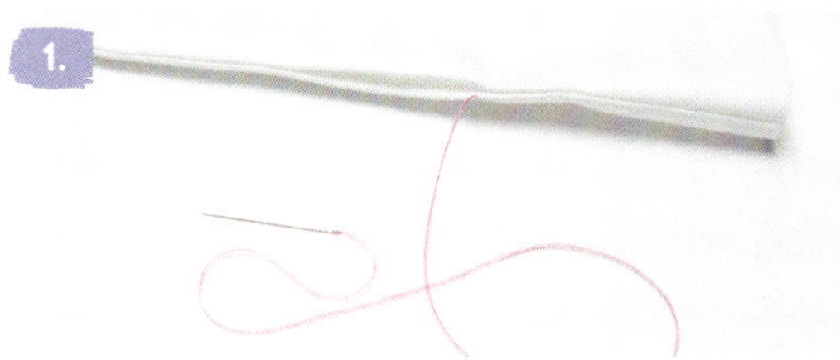

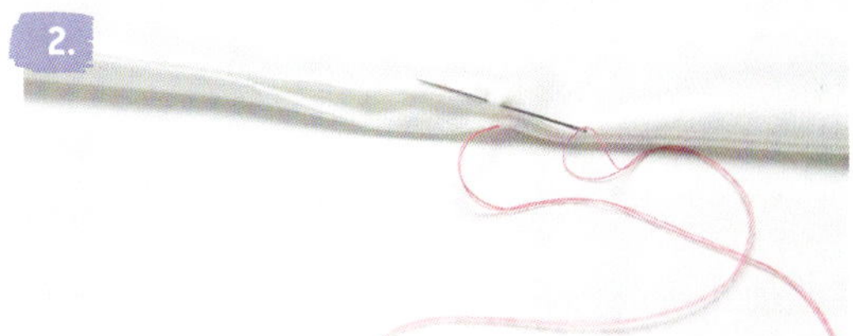

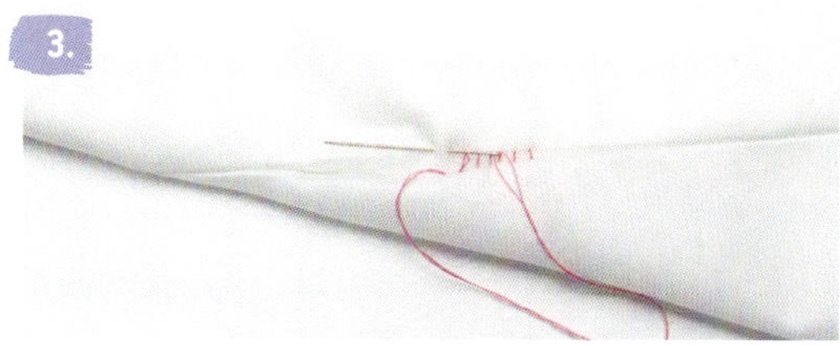

TIPP

Verwende die längste Stichlänge, die kannst du im Zweifel sehr einfach auftrennen.

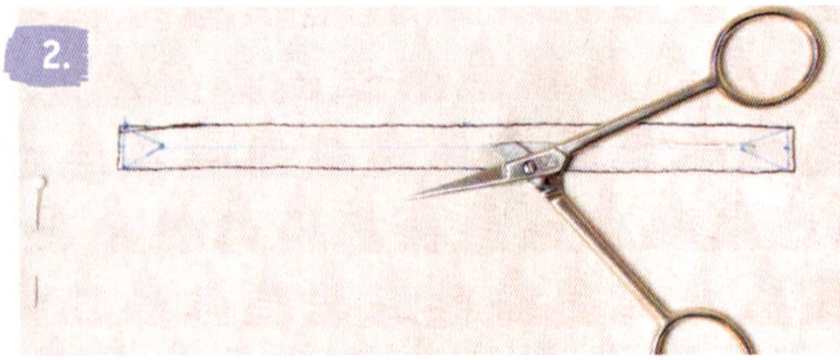

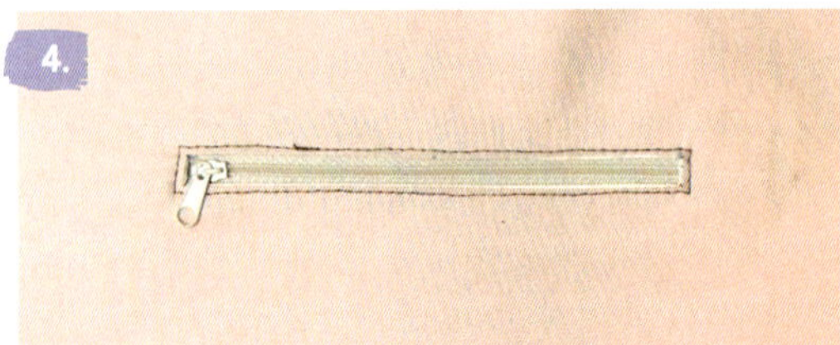

REISSVERSCHLUSSFACH EINNÄHEN

1. **Reißverschlussfach positionieren**

Lege ein Schnittteil des Reißverschlussfachs mittig und 3 cm von oben rechts auf rechts auf ein Futterstoff-Taschenteil, fixiere es. Markiere dir mittels der jeweiligen Reißverschlussschablone die Position des Reißverschlusses mittig und 2 cm vom oberen Rand entfernt. Übertrage alle auf der Schablone eingezeichneten Linien. Nun nähst du entlang des äußeren Rechtecks einmal rundherum. Die innere Linie und die Dreiecke bleiben ungenäht.

2. **Mittellinie einschneiden**

Schneide jetzt mit einer kleinen Schere den Stoff durch beide Lagen entlang der eingezeichneten Mittellinie im Rechteck auf. An den Seiten bei den Dreiecken schneidest du bis kurz vor den Rand des Rechtecks ein. Achte darauf, nicht in die Naht zu schneiden.

3. **Obere Stofflage durchziehen**

Stecke nun die obere Stofflage (Reißverschlussfach) durch die Öffnung hindurch und bügle die entstandene Öffnung an den Kanten.

4. **Reißverschlussfuß festnähen**

Lege den Reißverschluss hinter die Öffnung und fixiere ihn mit ein paar Nadeln oder doppelseitigem Klebeband. Der Schieber muss innerhalb der Öffnung sein. Nähe den Reißverschluss von der Vorderseite der Öffnung knappkantig ringsherum fest. Verwende dafür das Reißverschlussfüßchen. Beim Schieber angekommen, versenke die Nadel, hebe das Nähfüßchen an und ziehe den Schieber an diesem vorbei. Nun weiternähen. Auf der anderen Seite verfährst du genauso wie gerade beschrieben. Überstehende Reißverschlussenden auf der Rückseite abschneiden.

5. **Teile verbinden**

Drehe das fertig genähte Innentaschenteil mit dem Reißverschluss auf die linke Seite. Nun legst du das zweite Schnittteil des Reißverschlussfachs rechts auf rechts darauf und steckst es mit Nadeln fest.

6. **Reißverschlussfach**

Nähe nur die beiden Reißverschlussfach-Teile mit 1 cm Nahtzugabe zusammen. Achte darauf, dass du sie nicht an der Innentasche festnähst.

REISSVERSCHLUSSBLENDE NÄHEN

1. **Endstücke vorbereiten**
Jeweils 2 der 4 Reißverschluss-Endstücke rechts auf rechts aufeinanderstecken. Ringsum bis auf eine Wendeöffnung mit 1 cm Nahtzugabe zusammennähen. Die Ecken kappen und die Nahtzugabe auf ca. 3 mm zurückschneiden (die Wendeöffnung wird ausgespart). Wende die Endstücke mithilfe eines Stäbchens und forme die Ecken aus. Die Nahtzugabe der Wendeöffnung verstecken und bügeln.

2. **Endstücke festnähen**
Nun die Endstücke um die Reißverschlussenden legen und ringsherum festnähen. Der Reißverschluss liegt dabei zwischen den Stofflagen und wird eingefasst.

3. **Blende feststecken**
Lege einen Blendenzuschnitt mit der rechten Stoffseite nach oben vor dich hin. An die obere Kante bündig den Reißverschluss links auf rechts anlegen. Die Reißverschlussraupe mit dem Schieber schaut nach oben. Nun den zweiten Blendenzuschnitt bündig und rechts auf rechts auf den Reißverschluss stecken. Nähe alle Stofflagen mit 1 cm Nahtzugabe an der oberen Kante zusammen. Beginne und ende dabei 1 cm vor den Stoffkanten.

4. **Blende feststeppen**
Lege die beiden Blendenzuschnitte nun links auf links zusammen und bügle die Kante, an der der Reißverschluss eingefasst wurde. Steppe sie anschließend knappkantig ab. Beginne und ende auch hier 1 cm vor den Stoffkanten.

5. **Nahtzugaben bügeln**
Bügle nun alle verbliebenen Nahtzugaben (links, rechts und unten) um 1 cm nach innen, fixiere die Stofflagen und nähe alle an den offenen Kanten knappkantig zusammen.

6. **Fertigstellen**
Auf der anderen Reißverschlussseite genauso verfahren.

TIPP

Solltest du dünnere Baumwoll- oder Canvasstoffe verwenden, verstärke die vier Blendenzuschnitte zuvor mit Vlieseline H250.

1.

2.

3.

4.

5.

6.

VERSTELLBAREN GURT HERSTELLEN

1. **Enden versäubern**
Nimm das 140 cm lange Gurtband (natürlich kannst du die Länge auch variieren), versäubere die Enden. Fädle nun das Gurtband 5 cm durch einen Karabiner.

2. **Enden stabilisieren**
Stecke das Ende dort mit einem Clip fest und steppe den umgeklappten Gurt im Quadrat auf. Zum Schluss nähst du nochmal ein Kreuz durch das Quadrat für eine bessere Stabilität. Verwende hier einen Reißverschluss- oder Kantennähfuß. Damit kommst du besonders nah an den Karabiner heran.

3. **Schieber einfädeln**
Nun fädelst du auf die offene Seite des Schultergurtes den Schieber auf und schiebst ihn bis zur Mitte des Gurts. Achte dabei darauf, dass der Gurt nicht verdreht ist.

4. **Gurt fixieren**
Jetzt schiebst du den Gurt von links nach rechts durch den zweiten Karabiner.

5. **Karabiner fixieren**
Anschließend schiebst du den Gurt von rechts nach links durch die Unterseite des Schiebers, also durch den Riegel, das Mittelteil des Schiebers. Der Karabiner liegt außerhalb der Gurtschlaufe, die nun entstanden ist. Der Gurt schaut ca. 6 cm aus dem Schieber heraus. Klappe das Gurtende nach rechts um.

6. **Offene Kante feststeppen**
Steppe die offene Kante mit einem Rechteck oder Quadrat auf den Gurt (nur an der inneren Lage des Gurtbandes festnähen). Zum Schluss nähst du noch ein Kreuz durch das Rechteck. Nun musst du nur noch die Karabiner in die Ringe an der Tasche einhängen.

1.

2.

3.

4.

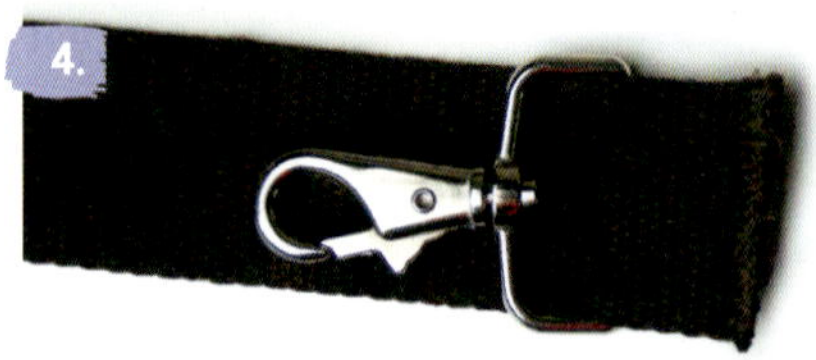

5.

6.

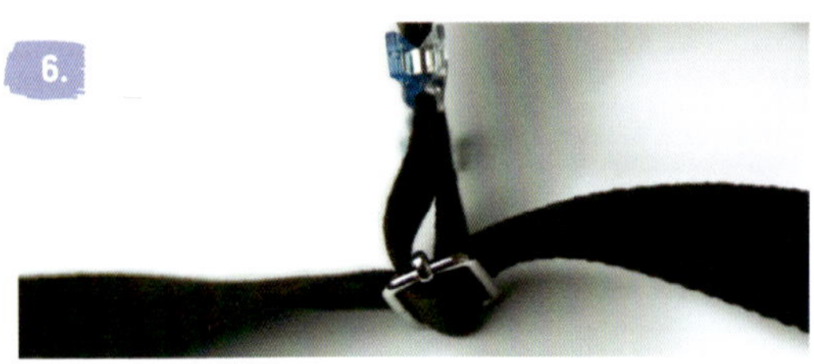

TRAGERIEMEN NÄHEN

1. Trageriemen vorbereiten
Trageriemen lassen sich aus passenden Stoffen wunderbar selbst herstellen. Du benötigst dafür einen Stoffstreifen in der Länge des späteren Trageriemens und eventuell Vlieseinlage zum Verstärken. Schneide dir den Streifen des Trageriemens in besagter Länge und vierfacher Breite zu. Wenn dein Trageriemen am Ende 2,5 cm breit sein soll, schneide den Streifen also 10 cm breit zu. Falte ihn links auf links zusammen und bügle die Kante.

2. Streifen falten
Falte den Streifen wieder auseinander und schlage beide Seiten zur Mitte ein. Bügeln.

3. Halbieren und bügeln
Nun den Streifen noch einmal halbieren und bügeln.

4. Streifen absteppen
Steppe den Streifen noch an der offenen Kante knappkantig ab und, wenn du magst, auch an der Bruchkante. Damit ist der Gurt bereit zur weiteren Verarbeitung.

TIPP

Besonders griffig wird der Riemen mit Vlieseline H630.

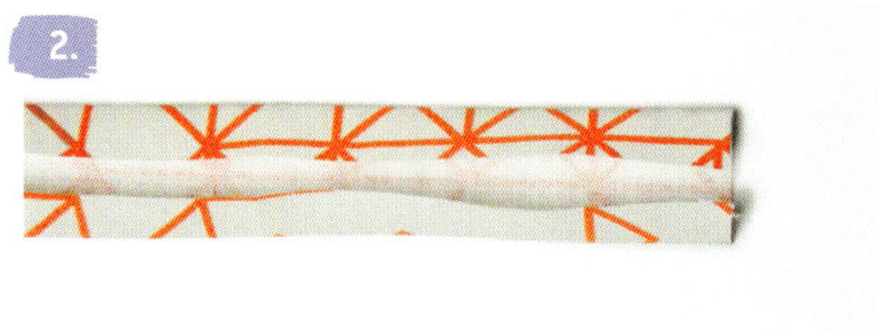

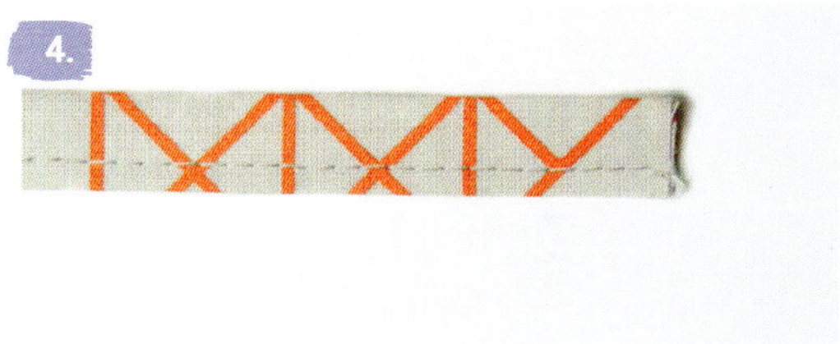

1.

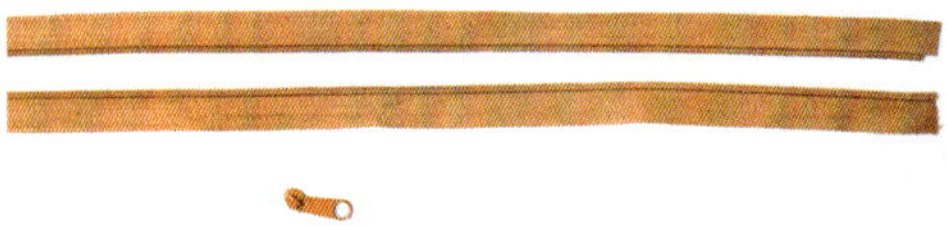

2.

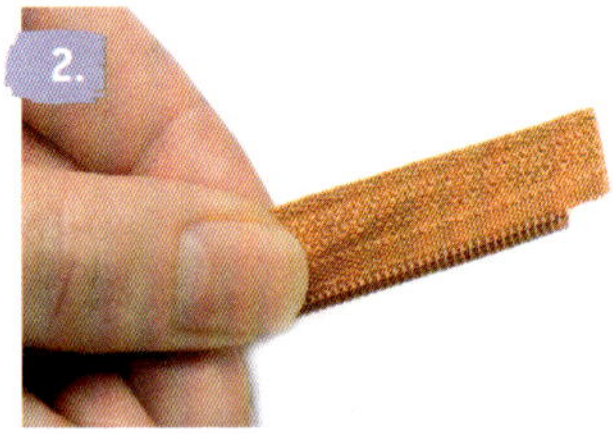

3.

4.

5.

6.

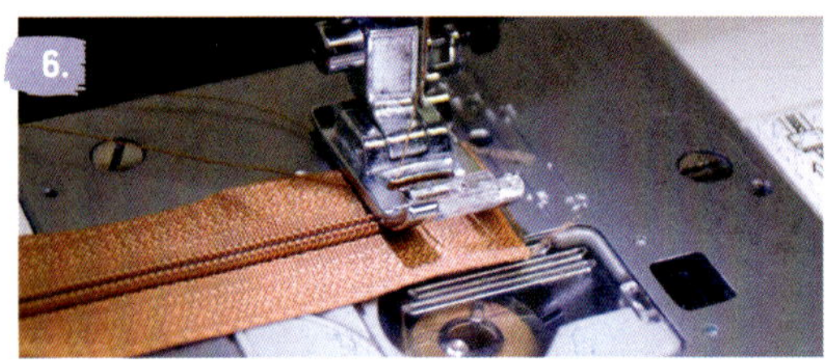

ENDLOSREISSVERSCHLUSS VORBEREITEN

1. **Reißverschluss vorbereiten**
Wenn du einen Endlosreißverschluss für dein Taschenprojekt verwendest, musst du zunächst den Schieber auffädeln. Schneide deinen Reißverschluss etwas größer zu als angegeben. Öffne den Endlosreißverschluss zunächst, sodass du zwei Teile vor dir liegen hast.

2. **Einfädelhilfe vorbereiten**
Schneide vom rechten (auf dem Bild von Schritt 1 oberen) Teil ein paar Millimeter der Zähnchen heraus.

3. **Schieber einfädeln**
Fädle den Schieber auf den linken Teil des Reißverschlusses.

4. **Teile verbinden**
Nun setzt du den rechten Teil des Reißverschlusses mit den ausgeschnittenen Zähnchen an den Schieber, hältst beide Enden fest und ziehst den Schieber vorsichtig nach vorne. Das ist der kniffligste Teil.

5. **Enden verriegeln**
Verriegle nun noch beide Enden des Reißverschlusses, indem du einige Male quer über die Reißverschlussraupe nähst. Damit kann der Schieber nicht aus Versehen ausgefädelt werden. Das Nähen mit der Nähmaschine funktioniert nur bei Plastikzähnchen. Wenn dein Reißverschluss Metallzähnchen hat, solltest du die Raupe mit ein paar Handstichen verriegeln.

6. **Reißverschluss zuschneiden**
Schneide deinen aufgefädelten Reißverschluss nun auf das richtige Maß zu.

QUASTE HERSTELLEN

1. **Quaste vorbereiten**
Eine Quaste ist schnell und einfach selbst hergestellt. Alles, was du brauchst, ist ein Streifen Kunstleder, ein Schmuckverschluss mit Endkappe und Textilkleber. Die Länge des Kunstlederstreifens hängt ganz davon ab, wie dick das Kunstleder und wie groß der Durchmesser der Endkappen des Verschlusses ist.

2. **Markierungen setzen**
Rolle den Streifen auf und stecke ihn in die Endkappe, um die richtige Länge zu ermitteln. Die Höhe kannst du ebenfalls variieren, je nachdem, wie groß deine Quaste werden soll. Lege den Streifen mit der linken Seite nach oben vor dich und markiere eine Linie mit 1 cm Abstand zur oberen Kante.

3. **Streifen einschneiden**
Schneide dann mit einer scharfen Schere den Streifen bis zur Markierung in schmale Streifen.

4. **Oberen Teil fixieren**
Den oberen Teil über der Markierung streichst du mit Textilkleber ein. Verwende nicht zu viel, damit der Kleber später nicht herausquillt.

5. **Zusammenrollen**
Rolle nun den Streifen zusammen, fixiere ihn mit einer Klammer und lass den Kleber trocknen. Dann etwas Kleber in die Endkappe füllen und die Quaste hineinstecken.

1.

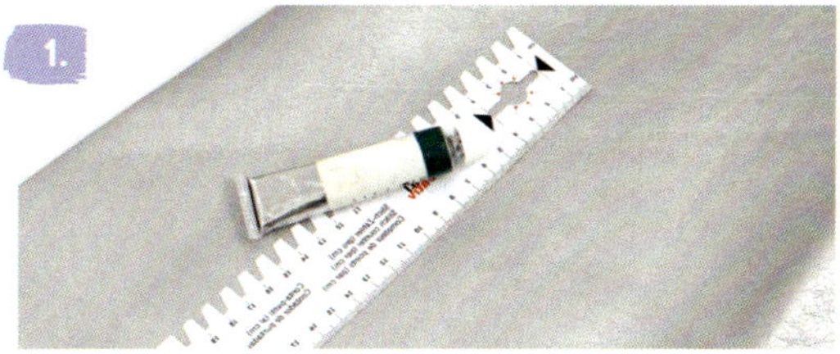

2.

3.

4.

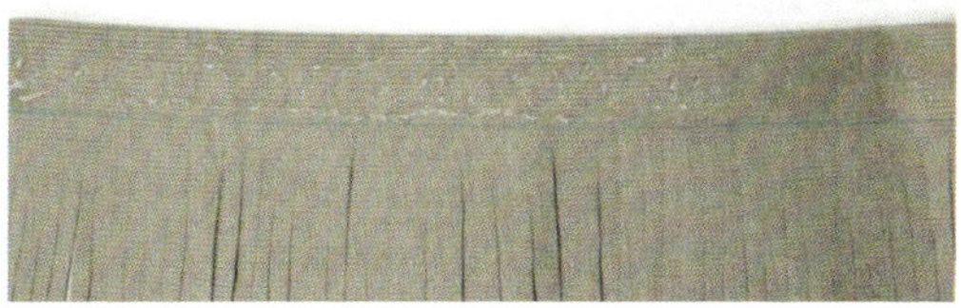

5.

ROLLSAUM

Der Rollsaum ist eine besondere Saumvariante, um zum Beispiel den Volant am Ärmel oder die Rüschen zu versäubern. Bei Jerseystoffen kann man ihn auch für den Saum oder die Ärmelsäume nehmen, bei Sweat und allen festeren Stoffen ist das aber nicht zu empfehlen.

Ein Rollsaum ist ein ganz enger, schmaler Overlockstich, der die Kante umschließt. Der Vorteil ist, dass die Naht kaum aufträgt und man auch einfach enge Kurven wie beim Volant säumen kann.

Wenn du eine Overlock hast, schaue mal in der Bedienungsanleitung, welche Einstellungen du vornehmen musst, um einen Rollsaum zu erhalten, da sind alle Maschinen etwas unterschiedlich.

Was die Maschinen aber gemeinsam haben, ist meistens, dass man die linke Nadel entfernen muss, die Stichlänge und -breite so klein wie möglich einstellt und die Fadenspannung des unteren Greifers erhöht und des oberen Greifers verringert.

Der Differentialtransport wird je nach gewünschtem Ergebnis verstellt. Möchte man ein welliges Ergebnis, wird er sehr klein gestellt und beim Nähen am Stoff gezogen, möchte man ein glattes Ergebnis, bleibt der Differentialtransport normal und man lässt die Maschine den Stoff transportieren, ohne zu ziehen. In den Anleitungen werden nur glatte Rollsäume genäht.

Wenn du keine Overlock besitzt, kannst du den Rollsaum auch mit deiner normalen Nähmaschine nähen, wenn auch etwas schwerer. Dazu musst du einen möglichst engen Zickzackstich einstellen und damit die Kante umnähen. Wenn der Stoff von der Maschine „gefressen" wird, hilft es, Stickvlies unterzulegen, das man später abreißen oder auswaschen kann.

BÜNDCHEN

Bündchen sind die klassischen Abschlüsse bei Pullovern. Wie sie angebracht werden, wird am Beispiel des Halsausschnittbündchens erklärt, ein Saum- oder Ärmelbündchen wird aber auf die gleiche Weise genäht.

Für den Grundschnitt gibt es die passenden Bündchen schon als Schnittteil, das du dir aus dem Schnittmusterbogen übertragen kannst. Wenn du eigenständig den Pullover weiter zuschneidest oder den Halsausschnitt vergrößerst/verkleinerst, musst du dir die Länge selbst ausrechnen. Dazu misst du die Strecke, an die das Bündchen soll, rundum und multiplizierst das Ergebnis mit 0,7, wenn du ein weiches Bündchen hast, oder mit 0,8 bei einem festeren Bündchen. Jetzt addierst du noch deine Nahtzugabe. Da die Bündchen immer eine gewisse Höhe haben, wähle beim Grundschnitt bitte immer die Bündchenlinien am Saum und am Halsausschnitt.

1. Bündchen zusammennähen

Stecke das Bündchen an den kurzen Seiten rechts auf rechts aufeinander und nähe es zusammen (es entsteht ein Ring). Achte bei langen Bündchen wie am Saum darauf, dass sich das Bündchen nirgendwo verdreht hat. Anschließend die Nahtzugabe in eine Richtung bügeln, welche ist egal.

2. Bündchen in den Bruch legen

Nun klappst du die langen, offenen Kanten aufeinander, sodass die rechte Stoffseite außen ist. Die Nahtzugabe der Naht, mit der du eben das Bündchen zum Ring geschlossen hast, liegt innen zwischen den Stofflagen. Die Kanten liegen genau aufeinander, somit entsteht auf der anderen Seite ein Bruch, den du in das Bündchen bügelst.

3. Bündchen feststecken

Stecke das Bündchen jetzt auf die rechte Stoffseite entlang des Halsausschnitts. Die Bündchennaht liegt auf einer Schulternaht. Bei Saumbündchen liegt sie auf einer der Seitennähte, bei Armbündchen auf der Armnaht. Die offene Seite liegt direkt an der Halsausschnittkante. Jetzt steckst du das Bündchen rundum gleichmäßig gedehnt fest und nähst es mit elastischem Stich bzw. der Overlock an.

4. In Form bügeln

Nach dem Annähen ist es wichtig, das Bündchen mit viel Dampf wieder in Form zu bügeln, damit die Naht sich nicht wellt. Um zu verhindern, dass die Nahtzugabe umklappt und hervorschaut, kannst du den Pulli von außen knapp neben dem Bündchen mit elastischem Stich absteppen.

1.

2.

3.

4.

Zum Dekorieren

Eis-KISSEN

Material:

- 80 x 50 cm Paillettenstoff in Weiß
- 40 x 15 cm Paillettenstoff in Blau
- 40 x 20 cm Canvas in Rosa
- 40 cm Glitzerband in Rosa
- Füllwatte
- Schnittteile: Eis-Kissen oberes Vorderteil, Eis-Kissen Vorderteil Mitte, Eis-Kissen unteres Vorderteil, Eis-Kissen Rückteil, Eis-Kissen Eisstiel (alle SB 1)

Zuschnitt:

Aus Hauptstoff 1

- 1 x oberes Vorderteil
- 1 x Rückteil
- 2 x Eisstiel

Aus Hauptstoff 2

- 1 x Vorderteil Mitte

Aus Kontraststoff

- 1 x unteres Vorderteil

Los geht's

1. Schnittteile vorbereiten
Lege das Vorderteil Mitte rechts auf rechts auf das untere Vorderteil und schließe die Naht. Nun lege das obere Vorderteil rechts auf rechts auf das Vorderteil Mitte und schließe die Naht. Die beiden Eisstielteile auch rechts auf rechts legen und, wie auf dem Bild eingezeichnet, rundherum absteppen.

2. Stiel feststeppen
Den Eisstiel wenden und mit Watte füllen. Mit der offenen Kante unten mittig an das Vorderteil innerhalb der Nahtzugabe mit einem Geradstich feststeppen. Das Vorderteil anschließend mit Glitzerband verzieren.

3. Teile verbinden
Das Vorderteil rechts auf rechts auf das Rückteil legen. Der Eisstiel liegt innen. Außen absteppen und eine Wendeöffnung lassen.

4. Kissen füllen
Das Kissen wenden und mit Watte füllen. Die Wendeöffnung schließen. Und schon bis du fertig!

TIPP

Für alle Kissen in diesem Buch kannst du dehnbare und nicht dehnbare Stoffe verwenden, auch in Kombination.

1.

2.

3.

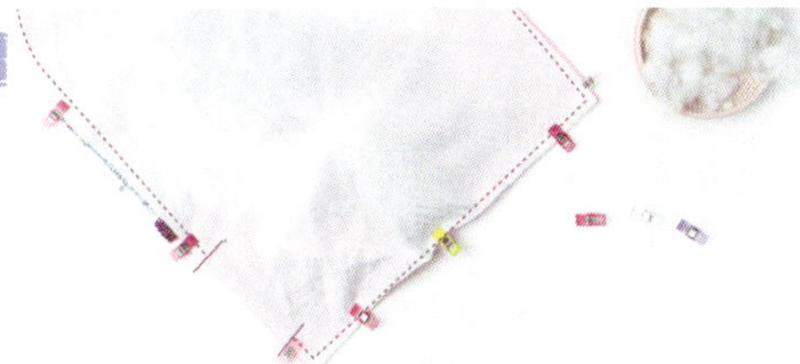

4.

Schlappohr-
KISSEN

Material:

- 90 x 25 cm Webware in Weiß
- 25 x 25 cm Paillettenstoff in Weiß
- 6 x 3 cm Canvas in Rosa
- 25 x 10 cm Flexfolie Schwarz-Glitzer
- Füllwatte
- Schnittteile: Schlappohr-Kissen Ohr, Schlappohr-Kissen Hasengesicht (beide SB 1)

Zuschnitt:

Aus Hauptstoff

- 2 x Ohr

Aus Kontraststoff 1

- 2 x Kissen: 30 x 20 cm
- 2 x Ohr

Aus Kontraststoff 2

- 2 x Kreis: 3 cm

Aus Flexfolie

- 1 x Hasengesicht

Los geht's

1. **Wangen und Gesicht applizieren**
Appliziere die Wangen (rosa Kreise) auf den Oberstoff, danach die Flexfolie mit dem Hasengesicht aufbügeln. Jeweils ein Ohr aus Paillettenstoff und ein Ohr aus Webware rechts auf rechts mit einem Geradstich zusammennähen. Unten eine Wendeöffnung lassen.

2. **Ohren annähen**
Die Ohren wenden und glatt bügeln. Lege sie rechts auf rechts auf die Knipse auf der Kissenvorderseite und steppe sie innerhalb der Nahtzugabe fest.

3. **Kissenteile zusammennähen**
Stecke das Rückteil rechts auf rechts auf das Vorderteil, die Ohren liegen dazwischen. Achte dabei darauf, dass die Ohren nicht über den Oberstoff herausragen, und schließe das Kissen. Lass aber eine Wendeöffnung von mindestens 10 cm.

4. **Kissen füllen**
Wende das Kissen und fülle es mit der Watte, bis es prall, aber noch kuschelig ist. Die Wendeöffnung schließen.

1.

2.

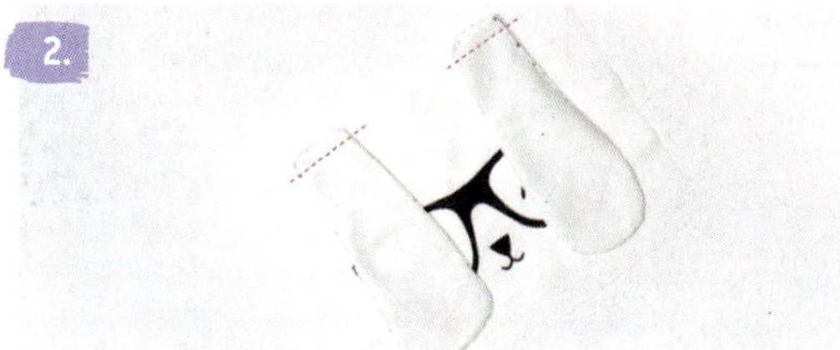

3.

4.

Schleifen-KISSEN

Material:

70 x 20 cm Paillettenstoff in Weiß

Füllwatte

Zuschnitt:

Aus Hauptstoff

- 2 x Kissen: 30 x 20 cm
- 1 x Schleifenband: 10 x 20 cm

Los geht's

1. Teile verbinden

Lege das Vorderteil rechts auf rechts auf das Rückteil und nähe einmal außen herum. Lass dabei aber eine Wendeöffnung von mindestens 10 cm. Falte das Schleifenband über die kurze Seite rechts auf rechts zusammen und schließe die lange Seite.

2. Kissen wenden und füllen

Wende das Kissen und fülle es mit Watte. Schließe die Wendeöffnung. Wende das Schleifenband (hierbei hilft ein Kochlöffelstiel), lege es so hin, dass die Naht in der Mitte ist und bügle es glatt.

3. Schleifenband fixieren

Lege das Schleifenband mittig mit der Naht nach außen um das Kissen. Vernähe die Enden des Schleifenbands unter Spannung mit einem Geradstich.

4. Nahtzugabe zurückschneiden

Die Nahtzugabe zurückschneiden, das Schleifenband mit der Naht nach innen drehen und fertig ist das Kissen!

1.

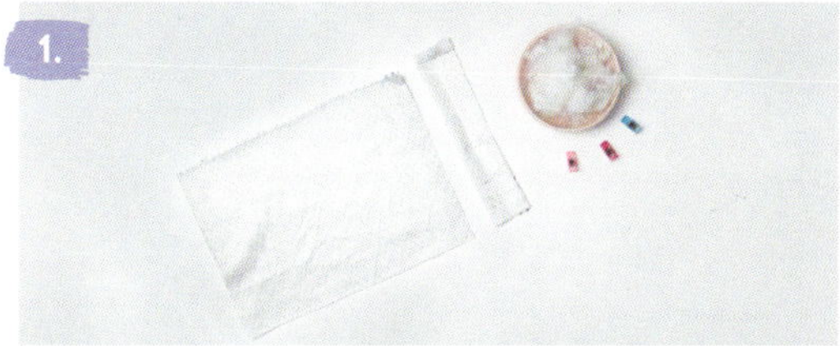

2.

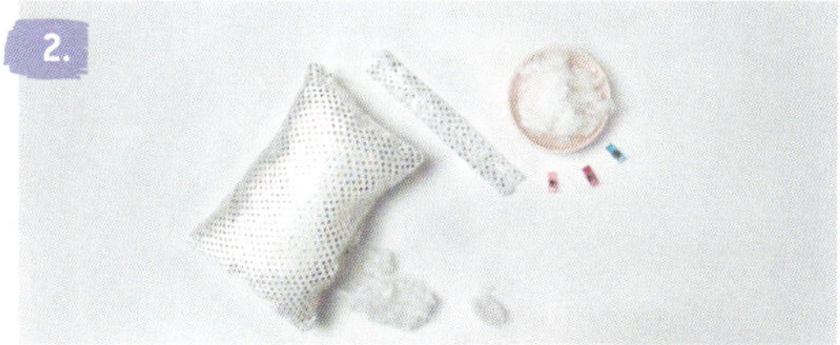

3.

4.

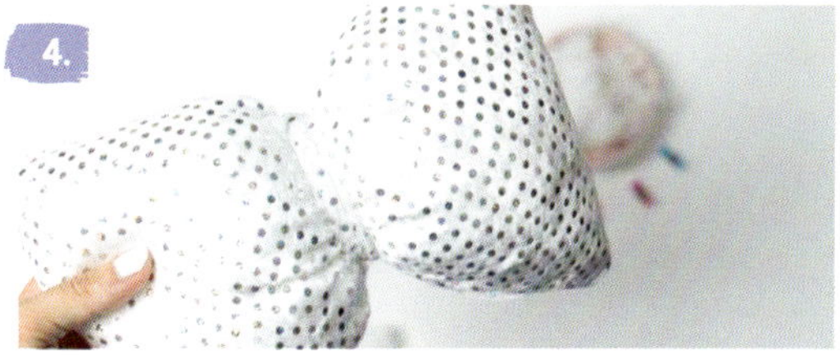

Funkelndes UTENSILO

Material:

- 50 x 15 cm Glitzerstoff in Grau
- 50 x 15 cm Glitzerstoff in Rot
- Schnittteil: Utensilo (SB 1)

Zuschnitt:

Aus Hauptstoff

- 2 x Utensilo

Aus Kontraststoff

- 2 x Utensilo

TIPP

Verwende hier nur nicht dehnbare Stoffe.

TIPP

Die Anleitung zu den Zopfgummis findest du auf Seite 94.

Los geht's

1. Außen- und Innenteile verbinden
Lege die beiden Außenteile rechts auf rechts aufeinander, ebenso die beiden Innenteile, und schließe jeweils die drei eingezeichneten Kanten. Lass beim Futter eine Wendeöffnung.

2. Öffnungen schließen
Ziehe die offenen Ecken auseinander, dabei legen sich die eben genähten Nähte aufeinander, sodass die Ecken nun so liegen wie auf dem Foto. Achte darauf, dass die Nähte genau aufeinanderliegen. Stecke die Kante fest und schließe dann diese Öffnung mit einem Geradstich.

3. Beutel verbinden
Stecke die beiden Beutel rechts auf rechts ineinander und schließe die offene obere Kante.

4. Utensilo wenden
Wende das Utensilo durch die Wendeöffnung im Futter und schließe diese. Du kannst den oberen Rand noch von außen mit Zierstichen absteppen. Schlage ihn anschließend um. Fertig!

1.

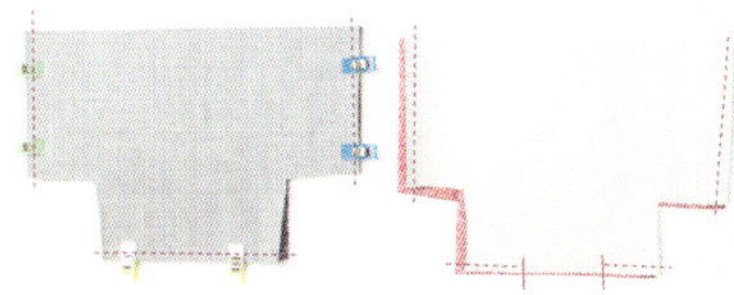

2.

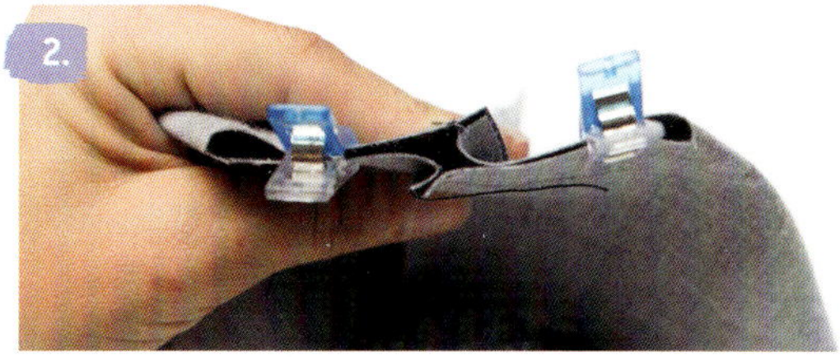

3.

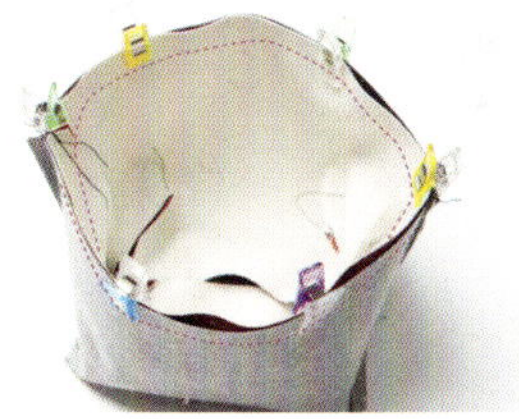

4.

DA KANN ICH MITHELFEN

Haarreif-HALTER

Material:

- 50 cm Glitzerband
- D-Ring, 25 mm

Zuschnitt:

- 1 x Glitzerband: 50 cm lang

TIPP

Du hast mehr als drei Haarreifen? Verlängere den Haarreifhalter so lang, wie du es möchtest.

Los geht's

1. Gurt fixieren
Fädle das Glitzerband durch den D-Ring und schlage es wie auf dem Bild ein. Steppe es ab.

2. Schlaufe vorbereiten
Stecke zwei Stecknadeln in dein Glitzerband, die erste etwa 5 cm unter dem D-Ring und die zweite dann etwa 10 cm unter der ersten.

3. Schlaufe feststeppen
Führe die Stecknadeln zusammen, so entsteht eine Schlaufe wie auf dem Bild. Klammere die Schlaufe fest und steppe hier dann von außen mit einem Geradstich ab.

4. Fertigstellen
Schritt 2 und 3 wiederholst du nun noch zweimal, immer mit 5 cm Abstand zur letzten Schlaufe. Fertig!

1.

2.

3.

4.

Krimskrams-TASCHE

Material:

- 25 x 20 cm Wendepaillettenstoff in Grün
- 50 x 20 cm Canvas in Rosa
- 25 x 20 cm Kunstleder in Schwarz
- 25 cm Reißverschluss
- Schnittteil: Krimskramstasche (SB 2)

Zuschnitt:

Aus Hauptstoff

- 1 x Krimskrams-Tasche

Aus Futterstoff

- 2 x Krimskrams-Tasche

Aus Kontraststoff

- 1 x Krimskrams-Tasche

Los geht's

1. Reißverschluss vorbereiten
Lege den Reißverschluss wie auf dem Bild auf deinen rosa Futterstoff.

2. Lagen zusammennähen
Nun den Wendepaillettenstoff rechts auf rechts auf den Reißverschluss legen und mit dem Reißverschlussnähfuß absteppen. Du nähst hier also drei Schichten zusammen: Futter, Reißverschluss und Wendepaillettenstoff.

3. Zweite Seite arbeiten
Mach jetzt dasselbe mit der anderen Seite. Den Reißverschluss wie auf dem Bild auf das Futter legen.

4. Rückseite bearbeiten
Das Kunstleder rechts auf rechts auf den Reißverschluss legen und alles mit einem Geradstich zusammennähen.

5. Bügeln
Die Stoffe wie auf dem Bild zurückklappen und die Nähte glatt bügeln. Achte aber darauf, ob deine Pailletten und das Kunstleder das Bügeln vertragen und bei welcher Temperatur, und lege am besten ein Baumwolltuch zwischen Bügeleisen und Tasche. Nun kannst du die Naht von rechts mit dem Reißverschlussnähfuß absteppen.

6. Nähte schließen
Öffne nun den Reißverschluss. Lege die Stoffe rechts auf rechts: Futter auf Futter und Oberstoff auf Oberstoff. Schließe die Naht rundum, lass aber im Futter eine Wendeöffnung.

7. Ecken ausarbeiten
Ziehe die vier Ecken jeweils auseinander, sodass die eben gesetzten Nähte aufeinandertreffen. Achte darauf, dass die Nähte genau aufeinanderliegen, und schließe die offenen Kanten.

8. Fertigstellen
Die Tasche wenden. Schließe zum Schluss die Wendeöffnung.

1.

2.

3.

4.

5.

6.

7.
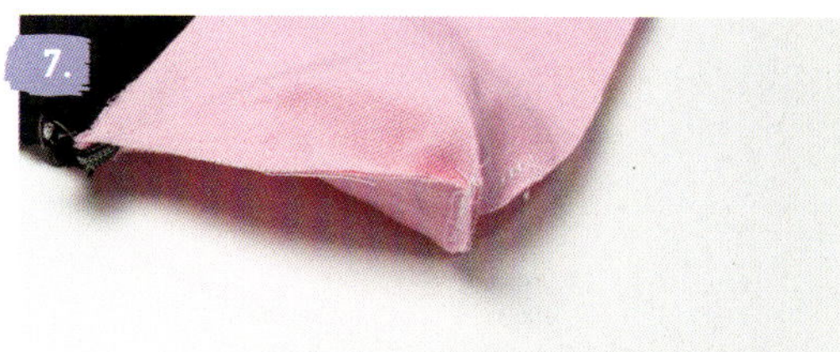

8.

DA KANN ICH MITHELFEN

Glitzer-Lese-ZEICHEN

Material:

- 14 x 14 cm durchsichtiges PVC
- 10 cm Webband
- Glitzer (lose Pailletten oder Pulver)
- Schnittteile: Glitzer-Lesezeichen (SB 2)

Zuschnitt:

Aus Hauptstoff

- 2 x Glitzer-Lesezeichen

TIPP

Statt aus PVC kannst du die Lesezeichen auch ganz einfach aus stabilem Glitzerstoff nähen.

Verwende hier nur nicht dehnbare Stoffe.

Los geht's

1. Schnittteile übertragen
Übertrage mithilfe eines Permanentmarkers das Schnitttmuster auf ein PVC-Rechteck.

2. Seitennähte schließen
Lege beide PVC-Teile aufeinander, klammere sie fest und nähe ca. 1 cm innerhalb der Zeichnung mit einem Geradstich die Seiten und die gezackte Unterkante des Lesezeichens zu. Oben bleibt es erst mal noch offen.

3. Glitzer einfüllen
Fülle Glitzer, je nach deinem Geschmack, in dein Lesezeichen.

4. Webband fixieren
Lege dein Webband gefaltet in die Öffnung und schließe diese nun auch mit einem Geradstich. Nun noch das Lesezeichen bis knapp vor die Naht zuschneiden. Fertig!

1.

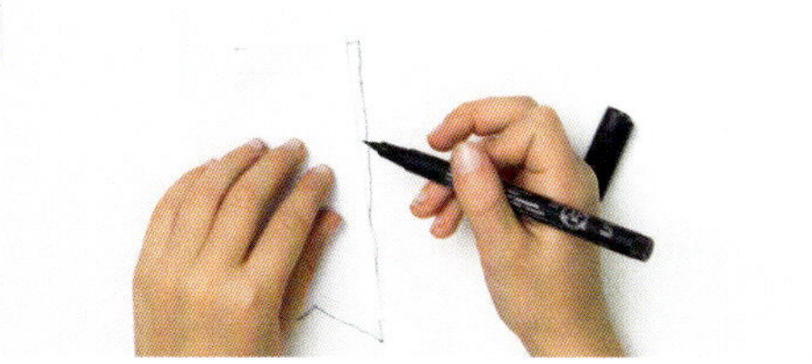

2.

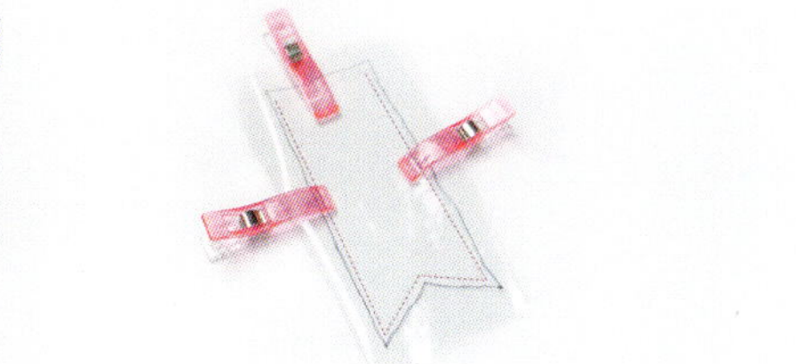

3.

4.

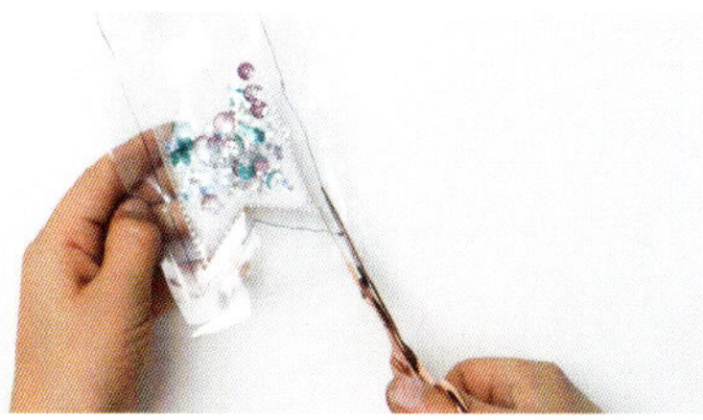

Glitzer-ZAHLEN

Material:

- 30 x 30 cm gold-gestreifter Baumwollstoff
- 30 x 30 cm Jutestoff in Nachtblau
- etwas Füllwatte
- 4 m Satinband in Mint, 5 mm breit
- Nähgarn
- eine spitze Nähnadel
- kleine Häkelnadel

Zuschnitt:

Aus Hauptstoff

- 30 x 30 cm weihnachtlicher Baumwollstoff

Aus Kontraststoff

- 30 x 30 cm Jutestoff in Nachtblau

Los geht's

1. Schnittteile vorbereiten
Bereite dir aus Papier oder dünner Pappe eine Ziffernvorlage vor. Lege dir ein quadratisches Stück Baumwollstoff zurecht und übertrage danach die Ziffer mit Bleistift je einmal auf den Baumwoll- und gegengleich (spiegelverkehrt) auf den Jutestoff. Schneide die Ziffern mit 1 cm Nahtzugabe aus und stecke die beiden Stoffsorten links auf links mit den Stecknadeln aufeinander.

2. Teile zusammennähen
Nähe die Ziffern mit einem Geradstich zusammen. Lass dabei eine kleine Öffnung, um sie mit Füllwatte befüllen zu können.

3. Ziffern befüllen
Schneide die Nahtzugabe auf etwa 0,5 cm zurück und fülle die Watte in die Ziffern. Bei Kurven und Ecken, in die man schwer hineinkommt, hilft dir die Häkelnadel. Schließe die restliche Naht mit der Handnähnadel.

4. Satinband aufbringen
Lege das Satinband mittig auf die Rückseite aus Jutestoff und fixiere das Band mit einer Stecknadel. Nähe das Band mit wenigen Handstichen auf der Ziffernrückseite fest.

1.

2.
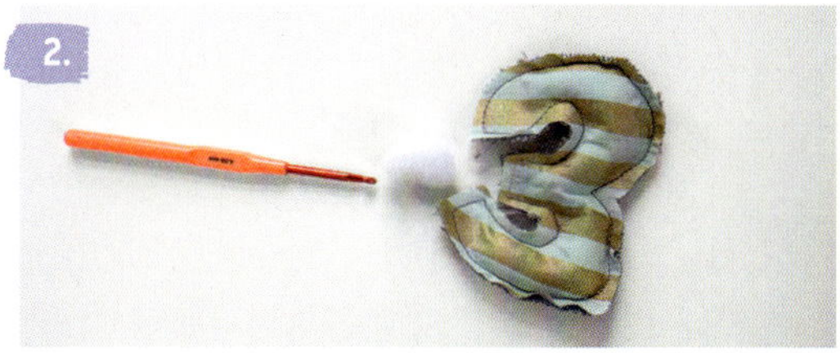

3.

4.
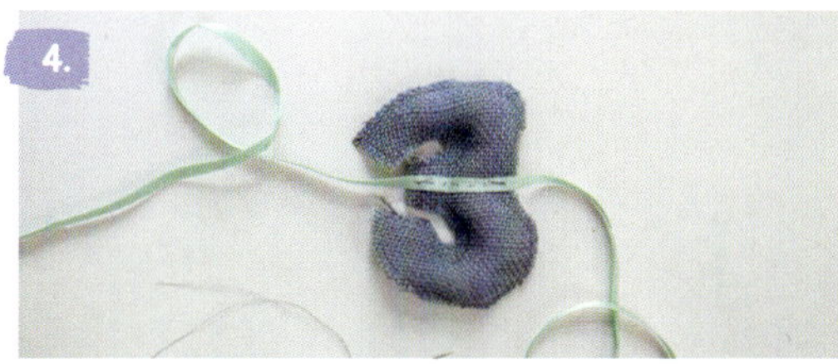

Goldene VASEN

Material:

- Waschpapier (z. B. FabPap), je nach Übertopfgröße
- Nähfaden in Grau
- Wonderclips oder Wäscheklammern
- Locher und etwas Kupfergarn oder Tacker oder Textilkleber
- Einmachglas, Vase oder Übertopf zum Hineinstellen

Zuschnitt:

Aus Hauptstoff

- Maße je nach Übertopfgröße (DIN-Formate eignen sich besonders gut, kleine Größe DIN A4)

TIPP

Die goldene Vase umhüllt nicht nur den Blumenstrauß, auch als Papier- oder Aufbewahrungskorb lässt sie sich ganz leicht umfunktionieren. So bekommt selbst dein Arbeitszimmer einen festlichen Glanz!

Los geht's

1. Schnittteil falten
Falte das rechteckige Waschpapier so, dass die kurzen Seiten aufeinander liegen. Dann die untere Hälfte um 1,5 cm vorschieben und hervorblitzen lassen.

2. Lasche fixieren
Schlage die hervorschauende Lasche über die kurze Seite um und fixiere den Falz mit zwei Wonderclips (oder Wäscheklammern), damit er nicht wieder aufspringt.

3. Falz fixieren
Fixiere den Falz mit einem Zickzackstich. Besonders schön schaut es aus, wenn du mit einer Kontrastnaht arbeitest.

4. Boden nähen
Nun klappe die untere schmale Seite nach oben. Das wird später der Boden. Passe die Breite an dein gewähltes Gefäß (Einmachglas, Vase etc.) an.

5. Schlauch fixieren
Klappe nun den genähten Schlauch so um, dass die Naht vor dir in der Mitte liegt, und fixiere den Schlauch mit zwei Klammern.

6. Unterseite schließen
Schließe nun die untere Seite des Schlauchs mit einem Geradstich.

7. Ecken lochen
Klappe die zwei Spitzen an den Enden der Geradstichnaht nach innen und loche diese.

8. Fertigstellen
Klappe die nun entstandenen Spitzen nach innen und loche auch diese. Verbinde die beiden Spitzen mit dem Garn. Bei größeren Gefäßen kannst du die beiden Spitzen auch einfach am Boden festtackern oder festkleben.

1.

2.

3.

4.

5.

6.

7.

8.

Origami-STERN

Material:

- 240 cm gold-gemusterter Baumwollstoff
- Bügeleisen
- große und kleine Wonderclips
- Stecknadeln
- Garn in passender Farbe

Zuschnitt:

Aus Hauptstoff

- 16 Quadrate von 15 x 15 cm gold-gemusterter Baumwollstoff

TIPP

Achte darauf, dass der gewählte Stoff nicht zu weich ist. Mit steiferem Stoff tust du dich leichter mit dem Falten und Bügeln.

Los geht's

1. Quadrat falten
Nimm dir das erste Stoffquadrat vor und lege es mit der linken Seite zu dir zeigend vor dich. Falte das Quadrat zweimal zur Mitte, sodass du den Mittelpunkt bestimmen kannst. Damit die Kanten sichtbar bleiben, bügle jeden Faltvorgang mit dem Bügeleisen.

2. Ecken einschlagen
Falte alle vier Ecken zur Mitte. Fixiere den Stoff mit den Wonderclips und bügle den Stoff anschließend. Löse die Clips vom Stoff.

3. Drachenform bilden
Falte zwei gegenüberliegende Ecken so zur Mitte, dass eine Drachenform entsteht. Fixiere die Seiten wieder mit den Clips und bügle das Ganze erneut.

4. Spitze umklappen
Wende dein Faltwerk und falte nun die obere „Drachenspitze" hinunter. Wieder mit Clips fixieren und bügeln.

5. Wenden
Wende den Stoff wieder, löse den Clip und falte alles zur Hälfte zusammen. Wieder bügeln. Das Faltwerk mit einem Wonderclip fixieren und zur Seite legen.

6. Kreis bilden
Wiederhole die Schritte 1–5, bis du 16 einzelne Sternspitzen hast. Hast du nicht genügend Clips, helfen auch Wäscheklammern weiter. Stecke die Spitzen alle vorsichtig der Reihe nach – wie auf dem Foto zu sehen – ineinander. Eine Kreisform entsteht.

7. Kreis schließen
Am Ende steckst du die erste und die letzte Spitze noch zusammen und schließt den Kreis. Die Sternenform ist fertig! Fixiere den Stern vorsichtig mit Stecknadeln. Und drehe ihn anschließend um.

8. Spitzen absteppen
Mit einfachen Nadelstichen werden die Sternspitzen kreisförmig zusammengesteppt. Löse die Stecknadeln und nähe auch hier die einzelnen Spitzen kreisförmig zusammen. Wer möchte, kann in die Mitte noch ein kleines Glöckchen hängen. Fertig!

1.

2.

3.

4.

5.

6.

7.

8.

Für Unterwegs

Hasen-Geld-BEUTEL

Material:

- 13 x 30 cm Glitzerstoff in Pink
- Kordel
- 1 Kam Snap
- Kam-Snap-Zange und Ahle
- Schnittteile: Hasen-Geldbeutel oberer Beutel, Hasen-Geldbeutel unterer Beutel, Hasen-Geldbeutel Ohr, Hasen-Geldbeutel Lasche (alle SB 2)

Zuschnitt:

Aus Hauptstoff

- 1 x oberer Beutel
- 1 x unterer Beutel
- 2 x Ohr
- 2 x Lasche

TIPP

Verwende hier nur nicht dehnbare Stoffe.

Los geht's

1. **Ohren aufnähen**
Steppe die Ohren rechts auf rechts innerhalb der Nahtzugabe auf die Knipse des oberen Beutels. Die Laschen falten und auf die Knipse des unteren Beutels innerhalb der Nahtzugabe feststeppen. Hinweis: Du kannst das obere Schnittteil sowie die Ohren am Rand absteppen, das hat aber nur optische Gründe.

2. **Offene Kante schließen**
Lege das obere Schnittteil auf das untere, die Knipse liegen nun aufeinander. Schließe die offene Kante, wie auf dem Bild eingezeichnet.

3. **Kam Snap anbringen**
Bringe nun den Kam Snap ein, dafür nutze das Schnittmuster als Schablone. Bei dem X mit der Ahle das Loch stanzen. Oben kommt die flache Seite des Snap auf die rechte Seite und unten dann auf die linke Seite.

4. **Unterkante falten**
Schließe die Tasche mit dem Druckknopf und klammere die gefaltete Unterkante zusammen.

5. **Seitennähte schließen**
Die drei offenen Seiten absteppen.

6. **Kordel einfädeln**
Fädle die Kordel durch die Laschen und verknote ihre unteren Enden.

1.
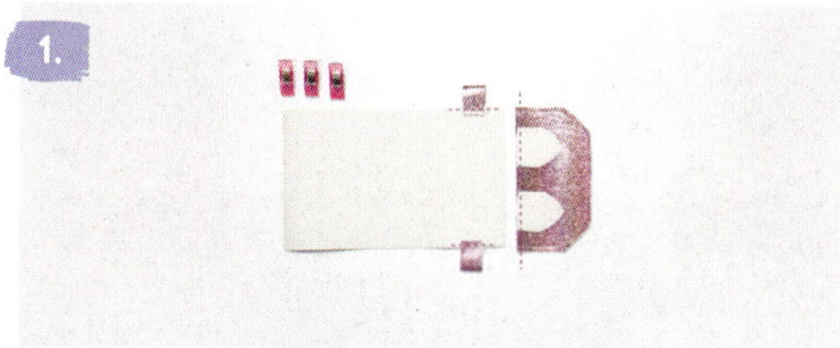

2.

3.

4.

5.
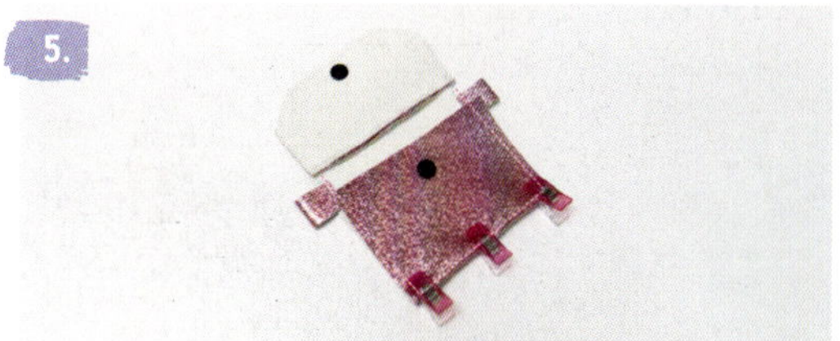

6.

Turn-
BEUTEL

Material:

- 85 x 45 cm Kunstleder in Chamäleon
- 70 x 45 cm Webware in Rosa
- 20 x 22 cm durchsichtiges PVC
- 2 x 1,20 m Kordel, 5 mm Durchmesser
- Glitzer (lose Pailletten oder Pulver)
- Sicherheitsnadel
- Schnittteile: Turnbeutel Taschenbeutel, Turnbeutel Lasche, Turnbeutel Fenster (alle SB 2)

Zuschnitt:

Aus Hauptstoff

- 2 x Taschenbeutel
- 2 x Lasche

Aus Futterstoff

- 2 x Taschenbeutel

Aus PVC

- 1 x Fenster

TIPP

Verwende hier nur nicht dehnbare Stoffe.

Nähe kleine Glitzerbänder o. Ä. als Label in die Seiten des Schüttelfensters.

Los geht's

1. Sichtfenster applizieren
Übertrage auf alle Schnittteile die Knipse. Appliziere das Sichtfenster mit einem langen Geradstich auf die Vorderseite. Bevor du die letzte Seite schließt, fülle etwas Glitzer ein.

2. Laschen annähen
Markiere die Mitte der Laschen, schlage die obere und untere Kante zur Mitte. Mittig falten und, nach innen zeigend, auf das Vorderteil stecken, Knips auf Knips. Nähe die Laschen innerhalb der Nahtzugabe an.

3. Seitennähte schließen
Lege das Rückteil rechts auf rechts auf das Vorderteil samt Tasche und Laschen. Schließe die Seiten und die Unterkante mit einem Geradstich, wie auf dem Bild gezeigt. Zwischen den Knipsen für den Tunnelzug keine Naht setzen.

4. Nähte absteppen
Lege die Nahtzugabe auseinander (bügle sie, wenn dein Stoff das verträgt) und steppe von innen die Nähte rund um das Tunnelzugloch ab.

5. Futterteile nähen
Lege die beiden Teile des Turnbeutel-Futters rechts auf rechts aufeinander und schließe die Seiten- und Unterkante an den eingezeichneten Linien mit einem Geradstich. Lass dabei an der Unterkante eine Wendeöffnung von mindestens 12 cm.

6. Beutel ineinandersteppen
Stecke beide Beutel rechts auf rechts ordentlich ineinander. Klammere die offene Kante zusammen und steppe sie rundum mit einem Geradstich ab.

7. Beutel wenden
Wende den Turnbeutel und kontrolliere, ob alles richtig sitzt. Die obere Kante ordentlich legen, wenn möglich bügeln. Für den Tunnelzug 4 cm vom oberen Rand eine Naht setzen.

8. Kordel einfädeln
Fädle die Kordel mit einer Sicherheitsnadel durch den Tunnelzug. Am Ende ziehst du sie durch die Lasche und verknotest sie. Zuletzt schließt du noch die Wendeöffnung, und schon ist der Turnbeutel fertig.

1.
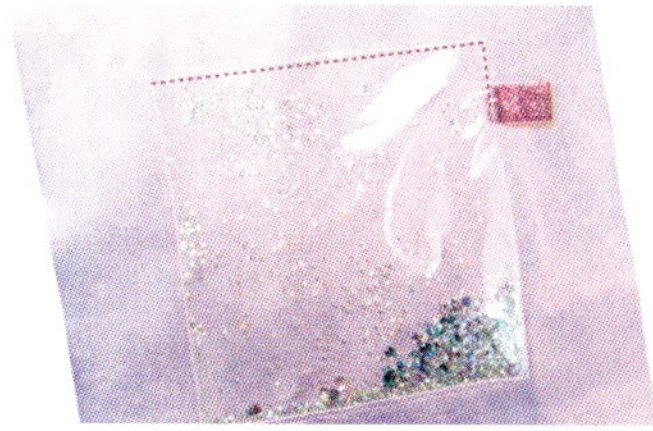

2.

3.

4.
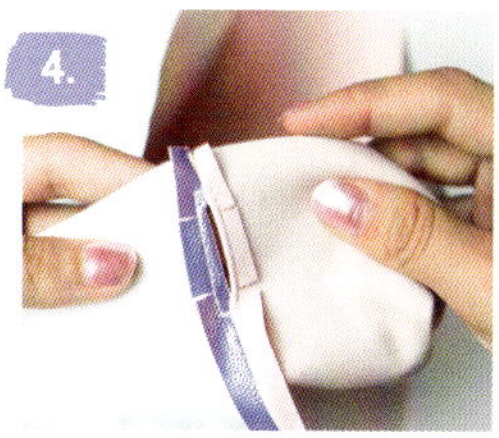

5.
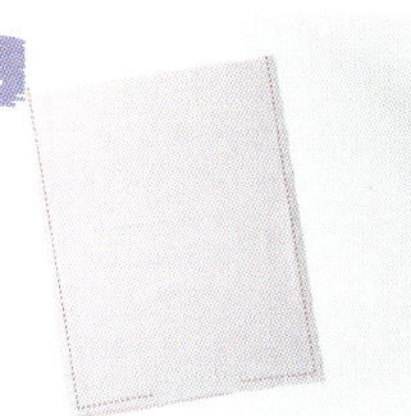

6.
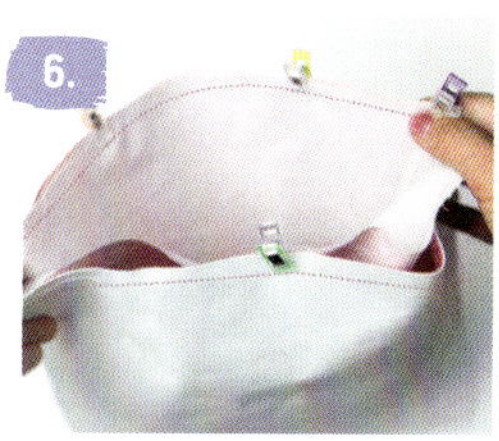

7.

8.

Größe 34 x 24 x 10 cm

Hand-TASCHE

Material:

- Hauptstoff: 70 cm Canvas in Natur mit Goldmuster
- Futterstoff: 70 cm Baumwollstoff in Mint
- Kontraststoff: Kunstleder 25 cm in Mint
- Vlieseline H630: 100 cm
- 2 Karabiner (für 2,5 cm breites Gurtband) in Silber
- 2 D-Ringe (für 2,5 cm breites Gurtband) in Silber
- 1 Schieber (für 2,5 cm breites Gurtband) in Silber
- 140 cm und 2x 6 cm Gurtband, 2,5 cm breit
- 2x 14 cm langer Reißverschluss oder Endlosreißverschluss mit Schieber in Natur, 2,5 cm breit
- 18 cm langer Reißverschluss oder Endlosreißverschluss mit Zipper für Innenfach in Natur, 2,5 cm breit (optional)
- Schnittteile: Handtasche Taschenfront, Handtasche Steckfach außen, Handtasche Reißverschlussfach außen, Schablone Reißverschluss innen (alle SB 2)

Der Stoffverbrauch bezieht sich auf eine Stoffbreite von 110 cm. Im Schnittmuster ist bereits 1 cm Nahtzugabe enthalten.

Zuschnitt:

Aus Hauptstoff

- 2 x Taschenfront im Stoffbruch
- 1 x Taschenboden: 82,5 x 12 cm
- 1 x Steckfach innen (optional): 22 x 16 cm
- 4 x Reißverschlussblende: 33 x 7 cm
- 4 x Reißverschluss-Endstücke 8 x 4,5 cm

Aus Futterstoff

- 2 x Taschenfront im Stoffbruch
- 1 x Steckfach außen im Stoffbruch

- 4 x Reißverschlussfach außen, 2 x gegengleich zuschneiden
- 1 x Taschenboden: 82,5 x 12 cm
- 2 x Reißverschlussfach innen (optional): 22 x 16 cm

Aus Kontraststoff

- 1 x Steckfach außen im Stoffbruch

Aus Vlieseline H630

- 2 x Taschenfront im Stoffbruch
- 1 x Taschenboden: 82,5 x 12 cm

Los geht's

1. Schnittteile vorbereiten

Bereite alle Schnittteile vor und bügle die Vlieseline auf die linke Stoffseite der entsprechenden Teile. Wenn du kein Reißverschluss- und Steckfach integrieren möchtest, kannst du den 2. Schritt überspringen.

Positioniere ein Schnittteil des Reißverschlussfachs innen und das Steckfach innen 6 cm von der oberen Kante auf jeweils einer Taschenfront aus Futterstoff. Nähe sie nach der Anleitung im Grundlagenteil auf Seite 16 ein. Die Schablone für den Reißverschluss findest du auf dem Schnittmusterbogen 2 (SB 2).

Nähe nun die Reißverschlussfächer in das Außensteckfach ein. Positioniere die Schnittteile des Reißverschlussfachs je 1 cm von der oberen und linken bzw. rechten Kante auf das Schnittteil „Steckfach außen" aus Kunstleder. In der Mitte stoßen die Schnittteile aneinander.

TIPP

Öffne den Reißverschluss vor dem Nähen zur Hälfte. Sobald du beim Nähen am Zipper angekommen bist, versenke die Nadel im Stoff, hebe das Füßchen an und ziehe den Schieber an der Nadel vorbei nach hinten. Senke das Füßchen wieder und nähe weiter.

2. Äußeres Steckfach nähen

Lege das Steckfach aus Futterstoff rechts auf rechts auf das Schnittteil aus Kunstleder mit den Reißverschlussfächern und nähe die oberen Kanten zusammen.

1.

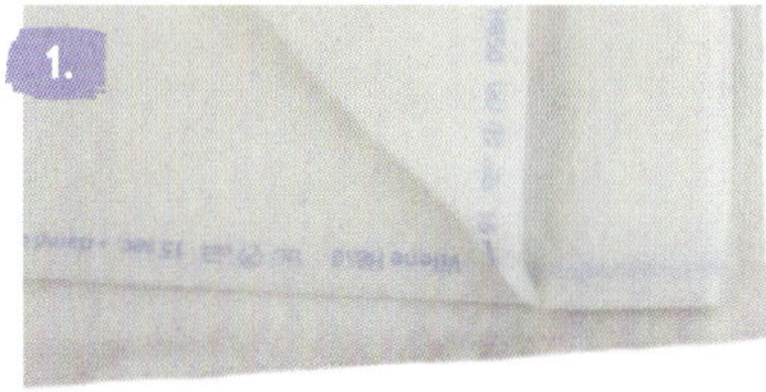

Tipp

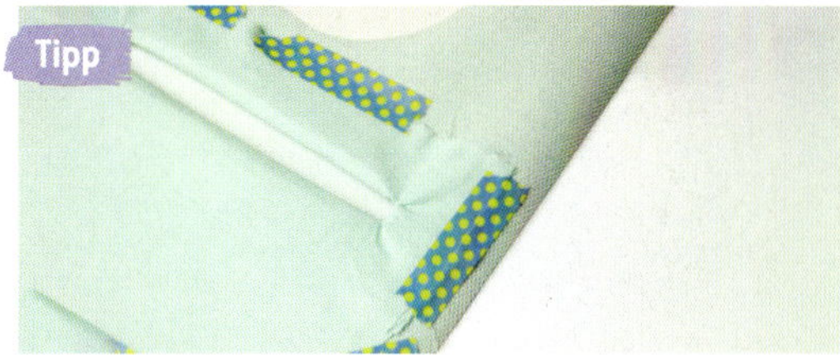

2.

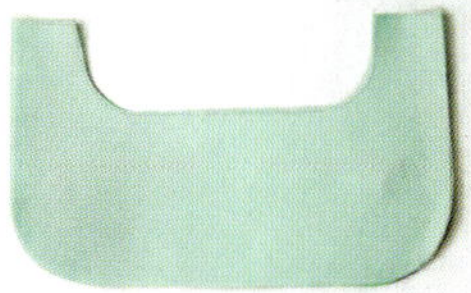

Metallic-TASCHE

Material:

- Hauptstoff: 30 cm Baumwollstoff in Schwarz-Weiß gemustert
- Futterstoff: 35 cm Baumwollstoff in Weiß-Schwarz gemustert
- Kontraststoff: Kunstleder in Silber: 10 cm
- Vlieseline H630: 30 cm
- 27 cm Reißverschluss oder Endlosreißverschluss mit Schieber, 2,5 cm breit
- Taschenkette, 85 cm
- 20 cm Reißverschluss oder Endlosreißverschluss mit Schieber fürs Innenfach, 2,5 cm breit (optional)
- Schnittteile: Schablone Reißverschluss innen (SB 2)

Der Stoffverbrauch bezieht sich auf eine Stoffbreite von 110 cm. Im Zuschnitt ist bereits 1 cm Nahtzugabe enthalten.

Zuschnitt:

Aus Hauptstoff

- 2 x Außentasche: 27 x 28 cm
- 2 x Reißverschluss-Endstücke: 7 x 2,5 cm

Aus Vlieseline H630

- 2 x Außentasche: 27 x 28 cm

Aus Kontraststoff

- 2 x Kontraststreifen: 27 x 6 cm
- 2 x Halteschlaufen: 6 x 2 cm

Aus Futterstoff

- 2 x Futtertasche: 27 x 32 cm

Aus Außen- oder Futterstoff

- optional 2 x Reißverschlussfach: 22 x 14 cm

Los geht's

1. Schnittteile vorbereiten
Bereite alle Schnittteile vor und bügle die Vlieseline auf die linke Stoffseite der angegebenen Schnittteile. Wenn du ein Reißverschlussfach in das Futter einnähen möchtest, folge den Schritten auf Seite 16. Positioniere ein Schnittteil des Reißverschlussfachs 3 cm von der unteren Kante auf ein Futtertaschenteil. Die Reißverschluss-Schablone findest du auf dem Schnittmusterbogen 2 (SB 2).

2. Reißverschluss vorbereiten
Wenn du einen Endlosreißverschluss verwendest, schneide ihn auf 27 cm zu und fädle den Schieber auf, wie auf Seite 20 beschrieben. Damit der eingenähte Reißverschluss in der fertigen Tasche sauber aussieht, werden zunächst die Endstücke angebracht.

3. Bruchkanten nähen
Falte die Endstücke in der Mitte und bügle die Bruchkante. Lege die Endstücke rechts auf rechts bündig zu den Reißverschlussenden an. Die Bruchkanten zeigen nach innen, die offenen Kanten stoßen an die Enden des Reißverschlusses. Nähe nun jeweils eine Naht knappkantig entlang der Bruchkante.

4. Reißverschluss zurückschneiden
Schneide nun auf der Rückseite den Reißverschluss auf ca. 5 mm nach der Naht zurück.

5. Halteschlaufen vorbereiten
Falte die Halteschlaufen der Länge nach links auf links mittig zusammen und nähe die langen, offenen Kanten knappkantig zusammen. Auf der anderen Seite ebenfalls knappkantig absteppen.

6. Tasche nähen
Stecke den Kontraststreifen aus Leder rechts auf rechts auf das Außentaschenteil und nähe beide Lagen innerhalb der Nahtzugabe zusammen. Klappe die Nahtzugaben auseinander und nähe sie auf der rechten Stoffseite jeweils links und rechts der Naht knappkantig fest. Für die anderen beiden Schnittteile wiederholen.

2.

3.

4.

5.

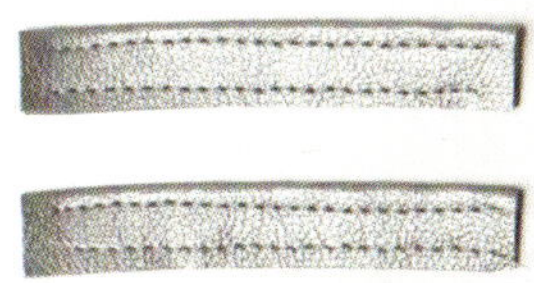

6.

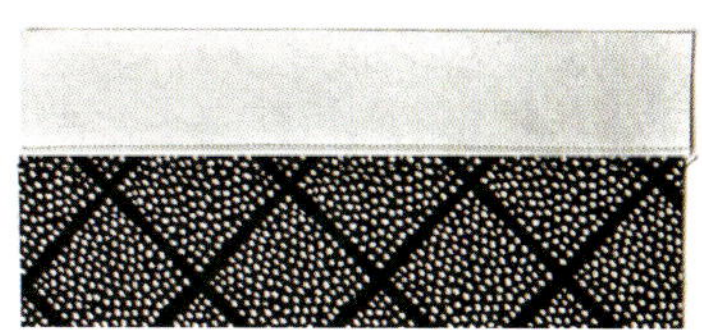

7.

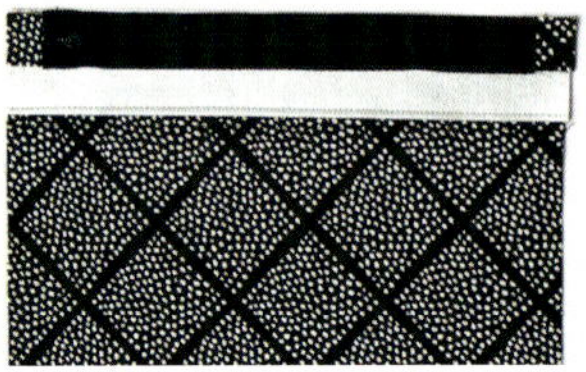

7. Reißverschluss fixieren

Lege den Reißverschluss nun rechts auf rechts auf eines der Außentaschenteile und lege dann ein Futtertaschenteil rechts auf rechts darauf. Die obere Kante mit dem Reißverschluss mit 1 cm Nahtzugabe festnähen. Benutze hierfür ein Reißverschlussfüßchen.

Klappe nun die angenähten Taschenteile links auf links aufeinander, sodass der Reißverschluss außen liegt. Steppe die Kante neben dem Reißverschluss noch einmal knappkantig ab, sodass später beim Öffnen und Schließen kein Stoff eingeklemmt wird.

8.

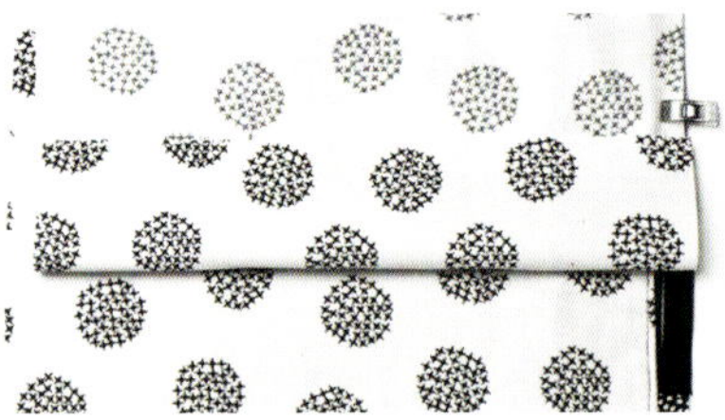

8. Futtertasche fixieren

Lege das Futtertaschenteil mit Reißverschluss mit der Futterstoffseite nach oben zeigend vor dich hin. Darauf das andere Futtertaschenteil, rechts auf rechts und Futterstoff auf Futterstoff, legen. Die Oberkanten des Reißverschlusses und Futterstoffes liegen bündig aufeinander.

9.

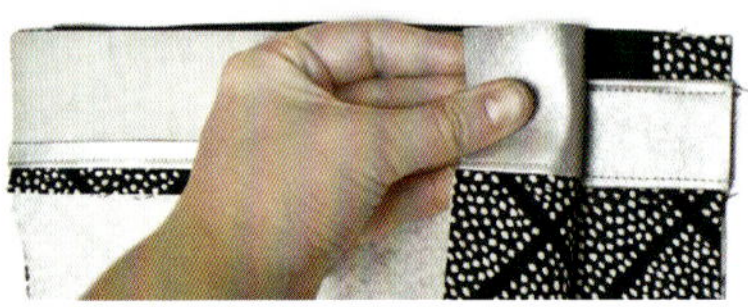

9. Lagen verbinden

Darauf legst du wiederum rechts auf rechts das zweite Außentaschenteil und fixierst alles mit Clips. Der Reißverschluss liegt nun zwischen Futter- und Außentaschenteil. Nähe alle Lagen mit einem Reißverschlussfüßchen zusammen. Klappe dann die Taschenteile wieder links auf links aufeinander und steppe die Kante neben dem Reißverschluss knappkantig fest.

10.

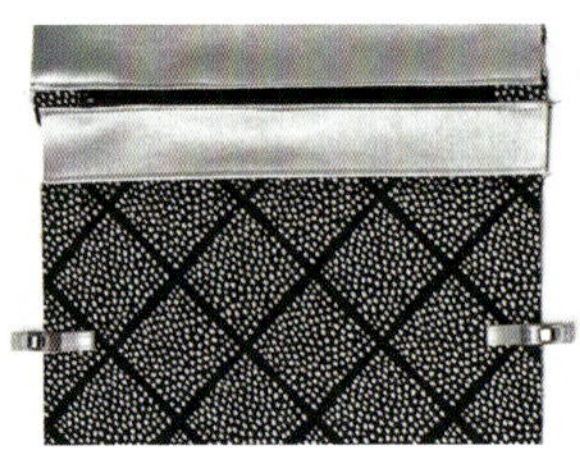

10. Halteschlaufen fixieren

Falte die Halteschlaufen in der Mitte und stecke sie 19 cm von der unteren Kante entfernt auf die rechte Seite eines Außentaschenteils.

11.

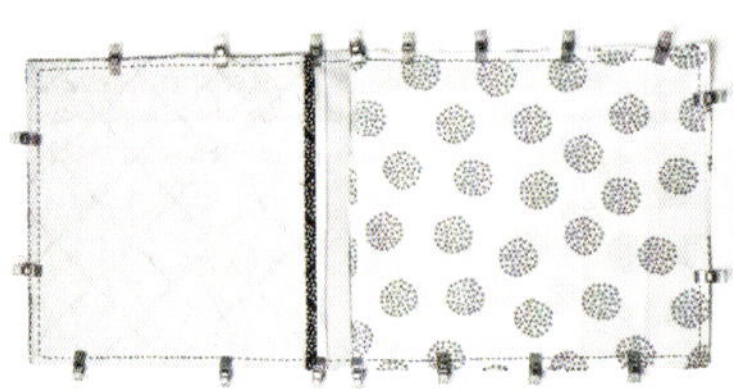

11. Nähte schließen

Lege nun jeweils die Innen- und die Außentaschenteile rechts auf rechts aufeinander. Die Nähte, wo die Außentasche und die Kontraststreifen zusammengenäht wurden, sollten aufeinandertreffen und der Reißverschluss mindestens zur Hälfte geöffnet sein. Nähe nun einmal ringsum mit einer Nahtzugabe von 1 cm alles zusammen. Am Boden der Futtertasche lässt du eine 18 cm große Wendeöffnung.

Schräge die Ecken der Nahtzugabe ab und schneide sie ringsum auf 3 mm vor der Naht zurück. Spare die Nahtzugabe der Wendeöffnung aus. Wende die Tasche durch den geöffneten Reißverschluss, forme die Ecken mit einem Stäbchen aus und schließe die Wendeöffnung.

12. **Fertigstellen**
Bringe die Kette als Trageriemchen und, wenn du möchtest, eine Quaste am Reißverschluss an. Wie du eine Quaste selbst herstellst, kannst du auf Seite 21 nachlesen.

Größe 40 x 45 x 26 cm

Week-ENDER

Material:

- Hauptstoff: 100 cm Baumwollstoff in Weiß mit Dreiecken
- Futterstoff: 100 cm Baumwollstoff in Grau
- Kontraststoff: Kunstleder in Kupfer: 21 x 52 cm
- Soft & Stable oder Style-Vil: 150 cm
- Vlieseline H200: 32 x 52 cm
- Vlieseline H250: 32 x 52 cm
- 2x 160 cm Gurtband, 2,5 cm breit
- 50 cm langer Reißverschluss, 2,5 cm breit
- 25 cm langer Reißverschluss oder Endlosreißverschluss mit Schieber, 2,5 cm breit
- Schnittteile: Weekender Seitenteil, Schablone Reißverschluss innen (beide SB 2)

Der Stoffverbrauch bezieht sich auf eine Stoffbreite von 110 cm. Im Zuschnitt ist bereits 1 cm Nahtzugabe enthalten.

Zuschnitt:

Aus Hauptstoff

- 2 x Taschenfront: 42 x 48,3 cm
- 2x Seitenteil
- 1 x Taschenboden: 42 x 22 cm
- 4 x Reißverschluss-Endstücke: 8 x 4,5 cm
- 4 x Reißverschlussblende: 40 x 9 cm

Aus Futterstoff

- 2 x Taschenfront: 42 x 48,3 cm
- 2 x Seitenteil
- 1 x Taschenboden: 42 x 22 cm

Aus Ober- oder Futterstoff

- 1 x Steckfach innen: 32 x 52 cm
- 2 x Reißverschlussfach: 27 x 27 cm

Aus Kontraststoff

- 1 x Steckfach außen: 21 x 52 cm

Aus Soft & Stable oder Style-Vil

- 2 x Taschenfront: 44 x 50,3 cm
- 2 x Seitenteil, umlaufend 1 cm größer zuschneiden
- 1 x Taschenboden: 44 x 24 cm

Aus Vlieseline H200

- 1 x Steckfach innen: 32 x 52 cm

Aus Vlieseline H250

- 1 x Steckfach innen: 32 x 52 cm optional 2x Reißverschlussfach: 22 x 14 cm

Los geht's

1. Schnittteile vorbereiten
Bereite alle Schnittteile vor. Bügle die Vlieseline auf die linke Stoffseite der entsprechenden Schnittteile, das Volumenvlies nähst du auf die linke Stoffseite. Der Stoff sollte dabei straff gespannt sein. Schneide die überstehenden Ränder ab.

2. Außentasche nähen
Falte das Kunstlederfach mittig links auf links zusammen, steppe die obere Bruchkante knappkantig ab und fixiere das Steckfach an der unteren Kante mittig auf einer Taschenfront aus Oberstoff. Darüber legst du eines der Gurtbandstücke in einer Schlaufe. Der Abstand zum linken und rechten Rand beträgt 9 cm, das Steckfach liegt mittig unter dem Gurtband. Dieses knappkantig links und rechts an die Außentasche bis 4 cm von der oberen Kante entfernt festnähen. Verriegele die Naht. Zur Verstärkung ein Rechteck mit Kreuz einnähen. Wiederhole dies auf der zweiten Seite des Gurtbands. Nähe das zweite Gurtband auf der anderen Taschenfront ebenso an.

3. Seitenteile annähen
Lege nun die beiden Seitenteile rechts auf rechts auf die erste Front und nähe sie fest. Achte darauf, die Seitenteile richtig herum anzunähen. Dann wird die zweite Front rechts auf rechts auf die Seitenteile gelegt und angenäht.

4. Taschenboden annähen
Stecke den Taschenboden aus Oberstoff rechts auf rechts gleichmäßig an der Taschenunterseite fest und nähe ihn an.

2.

3.

4.

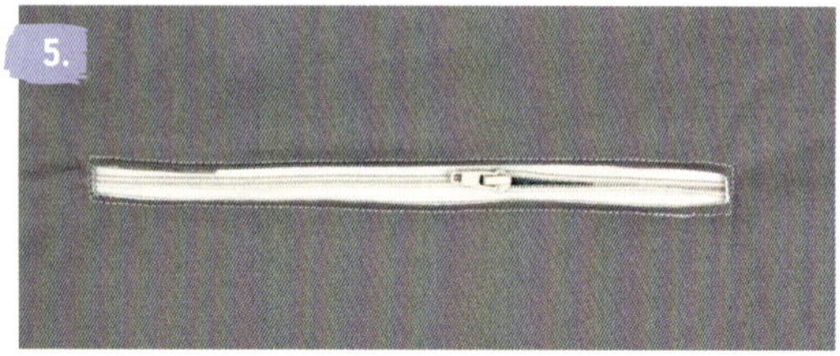

Der Taschenboden liegt dabei unten, die Nahtzugaben der Seitenteile werden beim Annähen auseinandergeklappt. Schräge die Nahtzugaben der Ecken am Taschenboden ab und schneide alle Nahtzugaben auf 3 mm vor die Naht zurück.

5. Futtertasche nähen

Nähe in eine Taschenfront aus Futterstoff ein Reißverschlussfach, wie auf Seite 16 beschrieben, ein. Positioniere das Schnittteil des Reißverschlussfachs mittig und 7 cm von der oberen Kante entfernt. Die Schablone für den Reißverschluss findest du auf dem Schnittmusterbogen 2 (SB 2).

6. Steckfach aufnähen

An die zweite Taschenfront aus Futterstoff nähst du das Steckfach. Positioniere es mittig auf der Taschenfront.

7. Reißverschlussblende nähen

Bereite nun die Reißverschlussblende vor (siehe Seite 17). Nun die Reißverschlussblende und Futtertaschenfronten zusammenfügen. Dafür legst du die Blende links auf rechts mittig auf ein Futtertaschenteil. Lass zum oberen Rand 5 cm Abstand. Nähe die Blende an der oberen Kante knappkantig fest. Verfahre so ebenfalls mit dem zweiten Futtertaschenteil. Öffne den Reißverschluss vollständig. Nun werden die Seitenteile und das Bodenteil wie bei der Außentasche angenäht. Am Bodenteil lässt du auf einer Seite eine Wendeöffnung von 30 cm.

8. Außen- und Futtertasche zusammenfügen

Wende die Futtertasche und stecke sie rechts auf rechts in die Außentasche. Fixiere die obere Taschenkante ringsherum. Die Seitennähte von Innen- und Außentasche sollten genau aufeinander treffen. Ringsherum zusammennähen.

9. Fertigstellen

Wende die Tasche durch die Wendeöffnung und den offenen Reißverschluss, forme alle Ecken und Rundungen aus und verschließe die Wendeöffnung mit einer knappkantigen Naht. Bügle die obere Taschenkante, fixiere sie zusätzlich mit Clips oder Nadeln und nähe sei noch einmal knappkantig ab.

Trinkflaschen-HÜLLE

Material:

- 30 x 15 cm Melonenstoff in Rosa
- 55 x 25 cm Punktestoff in Rosa
- 38 x 15 cm Volumenvlies H 640
- 40 cm Glitzerband
- 25 mm Karabiner
- 30 cm Gummiband, 2,5 cm Durchmesser
- 1 Kordelstopper
- Zackenschere
- Sicherheitsnadel
- Schnittteile: Trinkflaschenhülle oberer Flaschenbeutel, Trinkflaschenhülle unterer Flaschenbeutel, Trinkflaschenhülle Boden (alle SB 1)

Zuschnitt:

Aus Hauptstoff

- 1 x unterer Flaschenbeutel

Aus Futterstoff

- 1 x unterer Flaschenbeutel
- 2 x oberer Flaschenbeutel
- 2 x Boden

Aus Volumenvlies H 640

- 1 x unterer Flaschenbeutel
- 1 x Boden

TIPP

Verwende hier nur nicht dehnbare Stoffe.

Los geht's

1. Karabiner fixieren
Übertrage die Knipse nur auf den Oberstoff. Fädle 10 cm vom Glitzerband durch den Karabiner und steppe es innerhalb der Nahtzugabe auf dem Knips des unteren Flaschenbeutels fest. Bügle dann das Volumenvlies auf die Rückseite des Futterbodens und des unteren Flaschenbeutels.

2. Schnittteile verbinden
Lege ein Schnittteil des oberen Flaschenbeutels aus Futterstoff rechts auf rechts auf den unteren Flaschenbeutel aus Oberstoff und nähe sie oben zusammen. Wiederhole dies beim zweiten oberen Flaschenbeutel und dem unteren Flaschenbeutel aus Futterstoff.

3. Glitzerband fixieren
Beim Außenbeutel nähst du das Glitzerband links auf rechts entlang beider Kanten auf die entstandene Naht und fixierst dabei die Karabinerschlaufe.

4. Seitenkante schließen
Klappe den Futterbeutel rechts auf rechts und schließe die Seitenkante.

5. Beutel schließen
Falte auch den Beutel aus Oberstoff rechts auf rechts und schließe die Seitenkante. Setze hier keine Naht zwischen den Knipsen für den Tunnelzug, wie du auf dem Bild sehen kannst.

6. Boden vorbereiten
Stecke den Boden mit Vlies sorgfältig rechts auf rechts in den Beutel aus Oberstoff und schließe die offene Kante mit einem Geradstich. Schneide die Nahtzugabe hinterher mit einer Zackenschere zurück, dadurch legt sich die Rundung besser. Wiederhole diesen Schritt auch beim Beutel aus Futterstoff.

7. Oberkante schließen
Stecke Oberstoff- und Futterbeutel rechts auf rechts ineinander und schließe die obere Kante.

8. Fertigstellen
Wende den Flaschenbeutel und schließe die Wendeöffnung. Durch den Tunnelzug mithilfe einer Sicherheitsnadel das Gummiband ziehen und mit einem Kordelstopper fest ziehen.

1.

2.
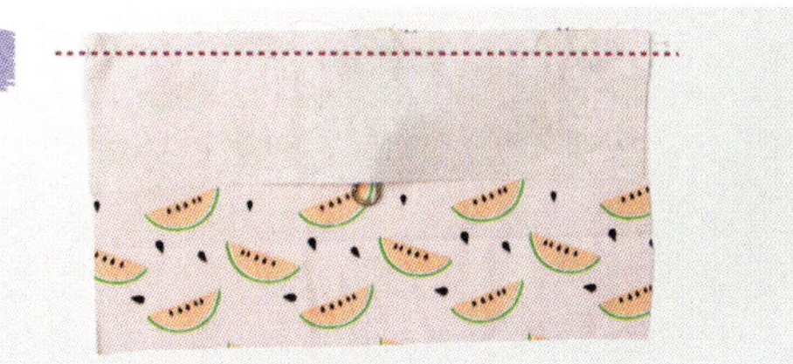

3.

4.

5.

6.
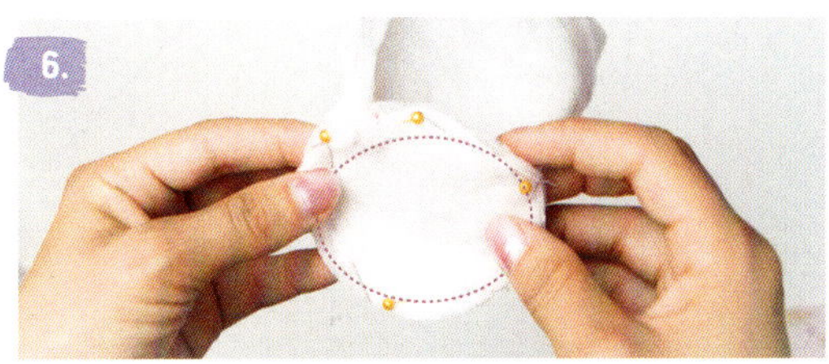

7.

8.

Melonen-
TASCHE

Material:

60 x 20 cm Canvas in Grün

10 x 15 cm Glitzerstoff in Silber

16 x 12 cm Glitzerstoff in Pink

50 x 20 cm Melonenstoff

20 cm Reißverschluss

1 m Kordel

Schnittteile: Melonen-Tasche Taschenbeutel, Melonen-Tasche Reißverschlussblende, Melonen-Tasche Lasche, Melonen-Tasche Melonen-Applikation außen, Melonen-Tasche Melonen-Applikation innen (alle SB 1)

Zuschnitt:

Aus Hauptstoff
- 2 x Taschenbeutel
- 2 x Reißverschlussblende
- 2 x Lasche

Aus Kontraststoff 1
- 1 x Melonen-Applikation außen

Aus Kontraststoff 2
- 1 x Melonen-Applikation innen

Aus Futterstoff
- 2 x Taschenbeutel

TIPP

Verwende hier nur nicht dehnbare Stoffe.

Los geht's

1. Teile positionieren
Steppe auf ein Canvas-Taschenteil erst die Applikation in Silber und dann in Pink links auf rechts rundum auf.

2. Reißverschlussblende nähen
Falte die Reißverschlussblenden einmal mittig, klappe sie wieder auf und falte beide Seitenkanten um 1 cm zur Mitte. Lege die Blenden um die Enden des Reißverschlusses – der Mittelfalz sitzt am Reißverschlussende – und steppe sie quer über den Reißverschlussstoff fest.

3. Laschen positionieren
Falte die Laschen von beiden Seiten in die Mitte, dann einmal längs und fixiere sie mit einer Naht auf den Knipsen.

4. Reißverschluss annähen
Lege den Reißverschluss auf die rechte Seite eines Taschenteils aus Futterstoff. Der Reißverschluss liegt mittig an der geraden Kante des Taschenteils. Lege die Taschen-Vorderseite rechts auf rechts darauf. Die drei Lagen mit dem Reißverschlussnähfuß absteppen. 1,5 cm Abstand zur Seitenkante lassen.

5. Teile verbinden
Lege die andere Seite des Reißverschlusses auf die Taschen-Rückseite aus Canvas und darauf das zweite Futterteil. Nähe die Teile zusammen.

6. Nähte bügeln
Klappe die Stoffe um, sodass Futter und Oberstoff rechts auf rechts aufeinanderliegen. Bügle die Naht am Reißverschluss glatt. Steppe die Reißverschlussnähte von rechts bis zur Stoffkante ab. Öffne den Reißverschluss!!!

7. Nahtzugaben zurückschneiden
Lege Futter auf Futter und Oberstoff auf Oberstoff rechts auf rechts. Schließe die offenen Kanten. Lass dabei eine Wendeöffnung im Futter. Schneide dann die Nahtzugabe mit einer Zackenschere zurück, damit sich die Rundungen gut legen.

8. Kordel einfädeln
Wende die Tasche, kontrolliere, ob alles richtig sitzt, und schließe die Wendeöffnung. Fädle die Kordel durch die Lasche und verknote die Enden.

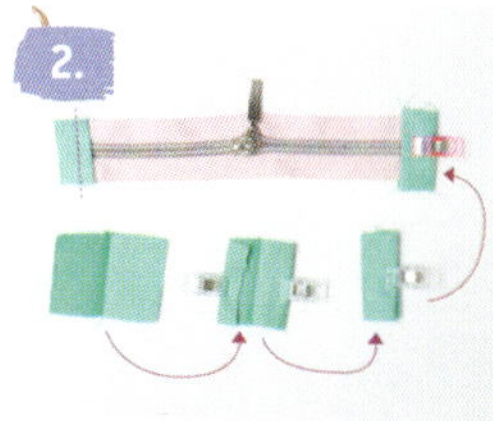

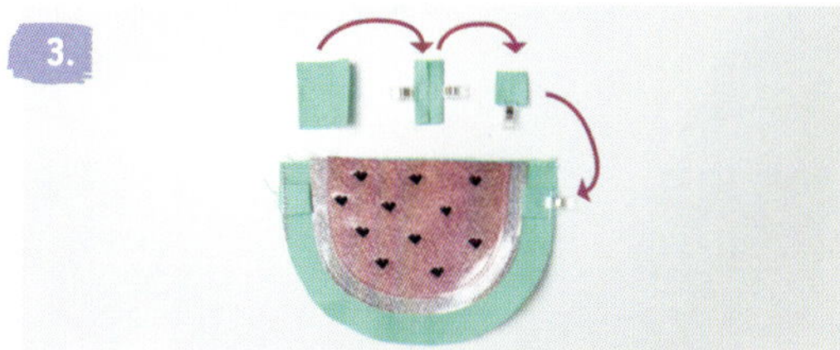

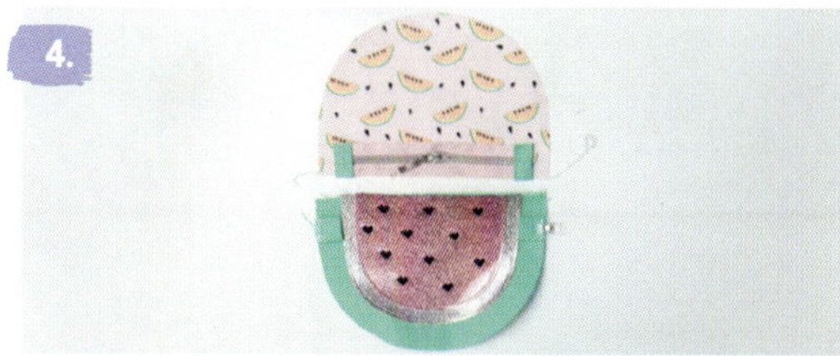

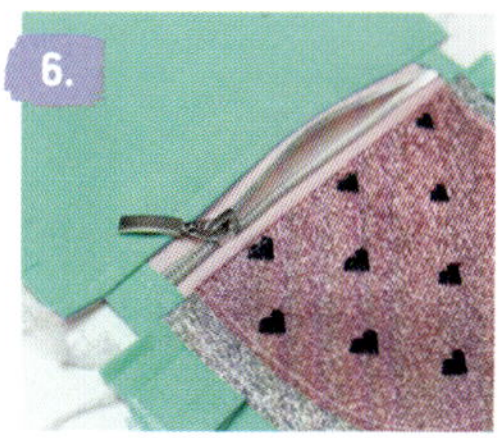

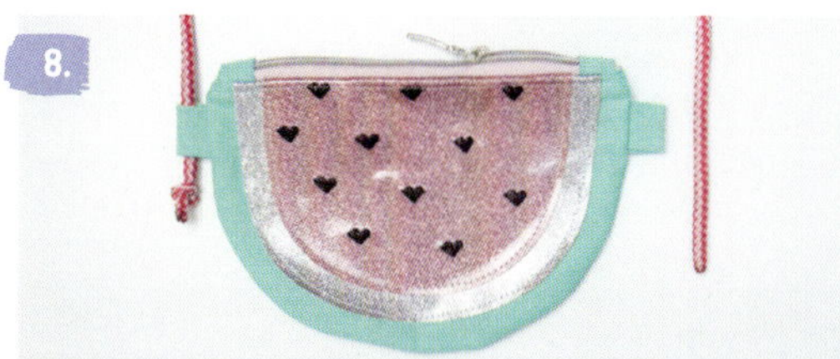

Sonnenbrillen-
ETUI

Material:

- Hauptstoff: 20 cm Baumwollstoff in Pink mit goldfarbenen Streifen
- Kontraststoff: Taschenklappe: 10 cm Kunstleder in Kupfer
- Futterstoff: 20 cm Baumwollstoff in Pink
- Vlieseline H630: 20 cm
- Schnittteile: Sonnenbrillen-Etui Taschenklappe (SB 2)

Der Stoffverbrauch bezieht sich auf eine Stoffbreite von 110 cm. Im Zuschnitt ist bereits 1 cm Nahtzugabe enthalten.

Zuschnitt:

Aus Hauptstoff
- 1 x Außentasche: 22 x 19 cm

Aus Futterstoff
- 1 x Futtertasche: 22 x 19 cm
- 1x Taschenklappe

Aus Kontraststoff
- 1 x Taschenklappe
- 1 x Streifen für das Verschlussband: 3 x 48 cm

Aus Vlieseline H630
- 1 x Futtertasche: 22 x 19 cm

Los geht's

1. **Schnittteile vorbereiten**
Bereite alle Schnittteile vor und bügle die Vlieseline auf die linke Stoffseite der entsprechenden Schnittteile.

2. **Außen- und Futtertasche nähen**
Falte die Futtertasche mittig rechts auf rechts. Nähe die kurzen Seiten innerhalb der Nahtzugabe zusammen. Die Nahtzugaben

auf 3 mm kürzen. Diesen Schritt für die Außentasche aus Oberstoff wiederholen und diese auf links wenden.

3. Verschlussband vorbereiten
Falte den Kunstlederstreifen für das Verschlussband links auf links zusammen und nähe ihn an der offenen Kante innerhalb der Nahtzugabe zusammen. Schneide die Nahtzugabe auf ca. 3 mm vor die Naht zurück.

4. Etui-Klappe vorbereiten
Lege das Verschlussband senkrecht vor dich hin und die linke Stoffseite der Etui-Klappe aus Futterstoff mittig darauf. Der Anfang des Bands sollte ca. 2 cm über die Spitze hinausragen.

5. Etui-Klappe nähen
Fixiere es mit einem Clip. Lege dann die Taschenklappe aus Kunstleder rechts auf rechts darauf und fixiere die Stoffschichten mit Clips. Gemäß der eingezeichneten Markierung auf dem Bild zusammennähen.

6. Etui-Klappe wenden und absteppen
Schräge die Ecken der Nahtzugabe ab und wende die Taschenklappe auf rechts. Die Ecken ausformen, die Kanten von der Futterseite aus bügeln und danach von der Vorderseite aus knappkantig absteppen.

7. Etui-Klappe festnähen
Stecke die Etuiklappe rechts auf rechts an die obere Kante der Rückseite der Außentasche und nähe sie knappkantig fest.

8. Außentasche und Taschenfutter zusammennähen
Stecke nun die Außentasche rechts auf rechts in die Futtertasche und fixiere alle Stofflagen. Achte darauf, dass die Taschenklappe und das Verschlussband zwischen den beiden Taschenlagen liegen. Die obere Kante ringsum bis auf eine 10 cm große Wendeöffnung an der Vorderseite zusammennähen. Schneide die Nahtzugabe auf 3 mm vor der Naht zurück, spare aber die Wendeöffnung aus.

9. Etui fertigstellen
Wende das Etui auf rechts, klappe die Nahtzugabe der Wendeöffnung nach innen und steppe die gesamte Kante des Etuis, auch die Rückseite mit der Etuiklappe, noch einmal knappkantig ab. Verschließe das Sonnenbrillen-Etui, indem du das Verschlussband mehrfach herumwickelst. Du kannst es noch auf die gewünschte Länge kürzen und das Ende mit einem Knoten versehen.

2.

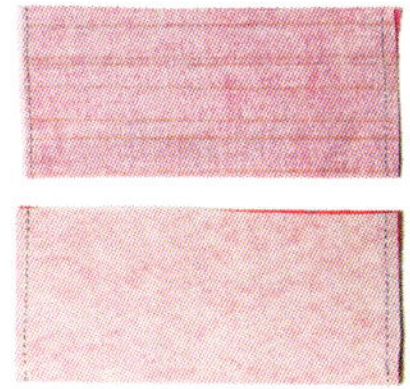

3.

4.

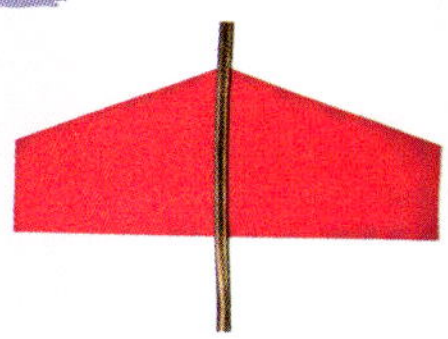

5.

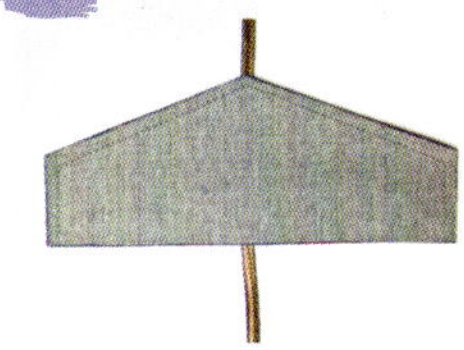

6.

7.

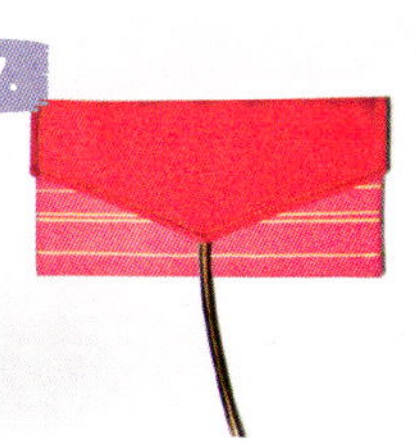

8.

9.

Größe 30 x 21 cm

Bikini-TASCHE

Material:

- Hauptstoff 1: 25 cm Baumwollstoff in Grau gemustert
- Hauptstoff 2: 25 cm Baumwollstoff in Rosé
- Futterstoff: 25 cm Wachstuch oder beschichteter Baumwollstoff in Grau-gemustert
- falsche Paspel: 92 x 3 cm Kunstleder oder 92 cm Paspelband in Kupfer
- 32 cm Reißverschluss oder Endlosreißverschluss mit Schieber, 3,5 cm breit

Der Stoffverbrauch bezieht sich auf eine Stoffbreite von 110 cm. Im Zuschnitt ist bereits 1 cm Nahtzugabe enthalten.

Zuschnitt:

Aus Hauptstoff 1

- 2 x Außentasche Mitte: 18 x 23 cm
- 2 x Reißverschluss-Endstück: 8 x 3,5 cm

Aus Hauptstoff 2

- 4 x Außentasche Seite : 9 x 23 cm

Aus Futterstoff

- 2 x Futtertasche: 32 x 23 cm

Aus Kunstleder (oder Paspelband)

- 4 x falsche Paspel: 23 x 3 cm
- 1 x Halteschlaufe: 30 x 8 cm

Los geht's

1. Paspelband anbringen
Falte die Kunstlederstreifen links auf links zusammen und stecke sie mit den offenen Kanten nach außen an die Schnittteile „Außentasche Mitte". Alternativ kannst du auch Paspelband verwenden. Nähfüßchenbreit annähen.

2. Außentasche zusammennähen
Fixiere zwei Schnittteile „Außentasche Seite" rechts auf rechts an einem Schnittteil „Außentasche Mitte" und nähe sie mit 1 cm Nahtzugabe an.

3. Kanten absteppen
Klappe die Nahtzugaben nach innen zum Schnittteil „Außentasche Mitte" und steppe die Kanten knapp an der Paspel noch einmal ab.

4. Reißverschluss anbringen
Damit der eingenähte Reißverschluss in der fertigen Tasche sauber aussieht, werden zunächst die Endstücke angebracht. Wenn du einen Endlosreißverschluss verwendest, schneide ihn auf 32 cm zu und fädle den Schieber auf (siehe Seite 20). Nähe die Reißverschluss-Endstücke an, wie bei Schritt 3 auf Seite 57 bei der Metallic-Tasche gezeigt wird.

5. Reißverschluss annähen
Lege den Reißverschluss nun rechts auf rechts auf ein Außentaschenteil, der Zipper liegt dabei unten (5a), und lege dann ein Futtertaschenteil rechts auf rechts darauf (5b). Die obere Kante mit dem Reißverschluss mit 1 cm Nahtzugabe festnähen. Nimm hierfür am besten dein Reißverschlussfüßchen.

1.

2.

3.

4.

5a

5b

6.

7.

8.

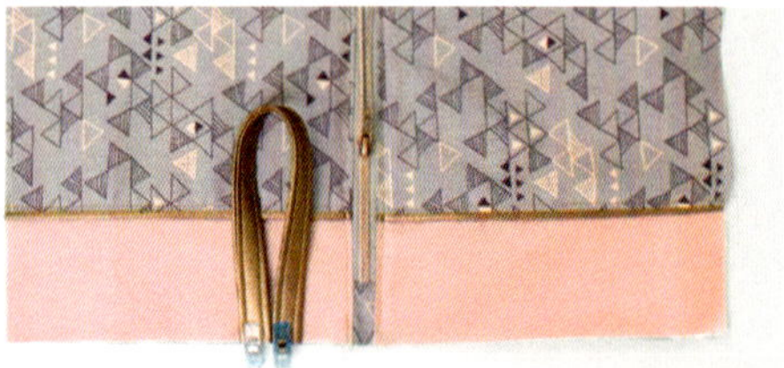

9.

10.

6. Kanten feststeppen

Klappe die Taschenteile links auf links aufeinander und steppe die Kante neben dem Reißverschluss fest. Das verhindert, dass der Reißverschluss beim Öffnen und Schließen am Stoff stecken bleibt.

7. Reißverschluss festnähen

Lege nun das zweite Außentaschenteil bündig zur oberen Reißverschlusskante rechts auf rechts auf und fixiere es mit Clips. Danach drehst du alles, sodass die Futtertasche oben liegt. Nun das zweite Futtertaschenteil rechts auf rechts auflegen und fixieren. Der Reißverschluss liegt nun zwischen Innen- und Außentaschenteil. Nähe die zweite Reißverschlusshälfte knappkantig fest. Klappe die Taschenteile ebenfalls links auf links aufeinander und steppe die Kante neben dem Reißverschluss fest.

8. Halteschlaufe nähen

Nähe das Band für die Halteschlaufe nach dem Trageriemenprinzip (siehe Seite 19). Positioniere die Halteschlaufe auf der rechten Taschenseite 3 cm unterhalb des Reißverschlusses.

9. Teile verbinden

Lege nun jeweils die Innen- und Außentaschenteile rechts auf rechts aufeinander. Achte darauf, dass die Paspelbänder genau aufeinandertreffen und dass der Reißverschluss mindestens zur Hälfte geöffnet ist. Nähe nun einmal alles ringsum mit einer Nahtzugabe von 1 cm zusammen, wobei du am Boden der Futtertasche eine 18 cm große Wendeöffnung lässt.

10. Ecken abschrägen

Schräge die Ecken der Nahtzugabe ab und schneide diese bis auf die Wendeöffnung auf 3 mm zurück. Tasche wenden und Ecken ausformen. Die Wendeöffnung mit einer knappkantigen Naht schließen.

TIPP

Wenn du als Futter einen Baumwollstoff verwendest und diesen mit Vieseline H630 verstärkst, kannst du die Bikini-Tasche auch als Clutch verwenden.

Zum Anziehen

Glitzer-TÜLLROCK

Material:

- Tüll in Rosa, evtl. mit Pailletten, Menge laut Zuschnitt
- Glitzer-Jersey in Rosa, Menge laut Zuschnitt
- Gummiband in Rosa

Zuschnitt:

Aus Hauptstoff

- Breite: Hüftumfang des Kindes mal zwei. Wenn z. B. das Kind 60 cm Hüftumfang hat, schneidest du den Tüll in einer Breite 120 cm zu.
- Höhe: Nach Geschmack. Hier wurde eine Höhe von 35 cm inklusive 2 cm Nahtzugabe gewählt. Also ist der Tüll-Stoffstück 120 x 35 cm groß.

Aus Futterstoff

- Für das Futter verwendest du dieselben Maße wie für den Oberstoff.
- Jedoch wird das Futter später gesäumt und dadurch etwas kürzer.

Aus Gummiband

- Lege das Gummiband unter etwas Spannung, aber nicht zu eng, auf Höhe der Oberkante des Hüftknochens um die Hüfte deines Kindes, um die benötigte Länge herauszufinden. Da die Dehnbarkeit immer variiert, bist du mit dieser Methode auf der sicheren Seite.
- Ist das Kind gerade nicht da, kannst du auch den oberen Hüftumfang nehmen und ca. 5 cm in der Länge abziehen.

TIPP

Hier kannst du dehnbare und nicht dehnbare Stoffe verwenden, auch in Kombination.

Tüll musst du nicht versäubern – also schön ordentlich zuschneiden und freuen …

Los geht's

1. Stoffe zuschneiden
Schneide Tüll, Jersey und Gummiband in der individuellen Größe des Kindes zu, wie beim Zuschnitt beschrieben.

2. Untere Kante säumen
Säume die untere Kante deines Futters. Dazu schlägst du den Stoff erst 1 cm ein und dann erneut 1 cm. Bügle den Saum, wenn dein Stoff das zulässt, und steppe ihn dann nähfüßchenbreit am unteren Rand ab.

3. Stoffe verbinden
Lege das Tüllstück auf das Futter und verbinde die Stoffe mit einer Naht oben innerhalb der Nahtzugabe, so verrutscht später nichts.

4. Oberkante absteppen
Nähe an der Oberkante unter der zuvor gesetzten Naht ohne zu verriegeln. Verwende dafür einen Geradstich mit Stichlänge 5. Lass an den Enden etwas Faden überstehen. Ziehe nun vorsichtig an dem Unterfaden und schiebe den Stoff so lange zusammen, bis der obere Teil so breit ist wie das Gummiband.

5. Gummiband fixieren
Stecke mit so vielen Nadeln wie möglich den Rock an dein Gummiband.

6. Gummiband annähen
Nähe mit einem Zickzackstich den Stoff an das leicht gedehnte Gummiband.

7. Seitennaht schließen
Schließe nun die Seitennaht des Rockes inklusive Gummiband rechts auf rechts mit einem dehnbaren Stich.

8. Nahtzugaben auseinanderklappen
Klappe beim Gummiband die Nahtzugaben auseinander und steppe sie an beiden Enden flach von außen ab, so drückt nachher nichts. Fertig!

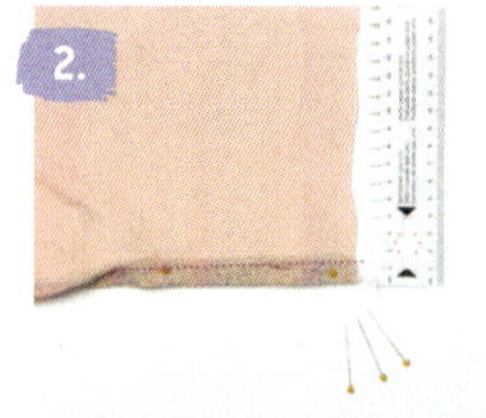

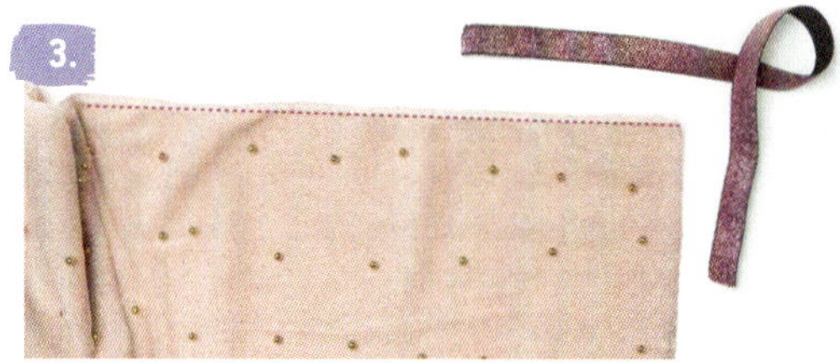

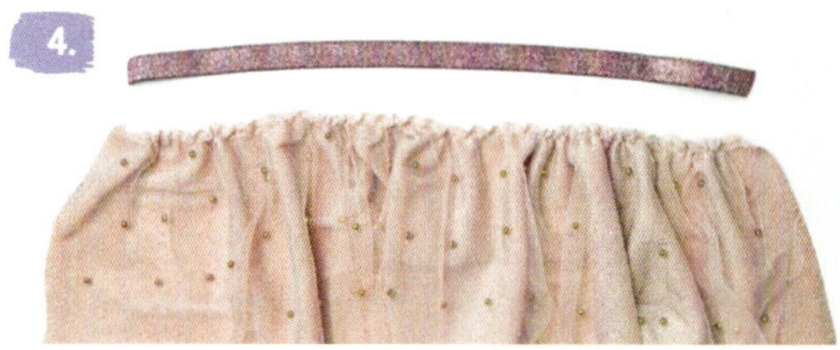

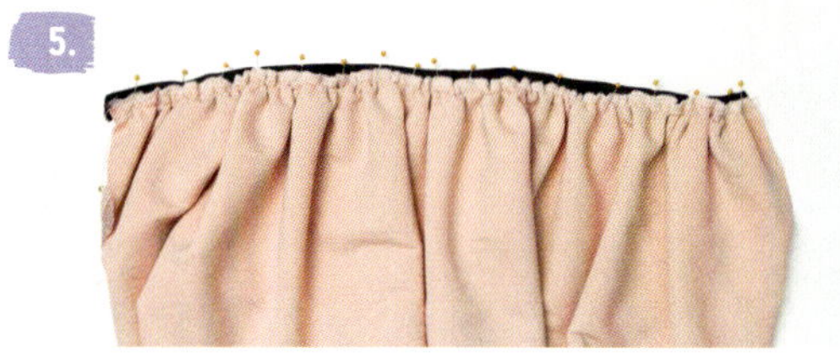

Pailletten-
BAND

Material:

- ca. 1,50 m Paillettenband
- Textilkleber
- Trickmaker

Los geht's

1. Motiv aufbringen
Male mit dem Trickmarker dein Motiv auf dein Kleidungsstück.

2. Kleber auftragen
Fahre nun mit dem Textilkleber deine Linie nach und klebe Stück für Stück dein Paillettenband auf.

3. Band fixieren...
Fixiere das Band zusätzlich mit einer Naht, entweder per Hand ...

4. ...und festnähen
... oder mit der Nähmaschine.

Applikation HASE

Material:

- Wendepailletten-Applikation Hase
- Stylefix®

Los geht's

1. **Applikation vorbereiten**
Klebe ein paar Streifen Stylefix® auf die Rückseite deiner fertigen Applikation. Ziehe die Schutzschicht ab.

2. **Hasen positionieren**
Platziere den Hasen auf deinem Kleidungsstück.

3. **Applikation festnähen**
Nähe dicht am Rand mit einem Zickzackstich die Applikation fest, lege dafür die Pailletten weg vom Nähfuß.

4. **Fertigstellen**
Schneide das Vlies zurück ... Fertig!

1.

2.

3.

4.

Applikation PALME

Material:

- 15 x 17 cm Wendepaillettenstoff
- 15 x 17 cm Vliesofix
- Schnittteile: Applikation Palme (SB 1)

Zuschnitt:

Aus Wendepaillettenstoff

- 1 x Palme

Aus Vliesofix

- 1 x Palme

Los geht's

1. **Vorlage übertragen**
Übertrage die Palme gemäß Vorlage auf die Rückseite des Vliesofix. Bügle das Vliesofix auf die Rückseite deines Paillettenstoffes. Teste vorher, ob der Paillettenstoff gebügelt werden darf.

2. **Palme ausschneiden**
Schneide die Palme aus. Entferne, wenn möglich, Pailletten am Rand.

3. **Motiv aufbügeln**
Bügle die Palme auf dein Kleidungsstück. Lege immer ein Backpapier dazwischen.

4. **Motiv festnähen**
Nähe am Rand mit einem Zickzackstich die Applikation fest, lege dafür die Pailletten weg vom Nähfuß. Fertig!

1.

2.

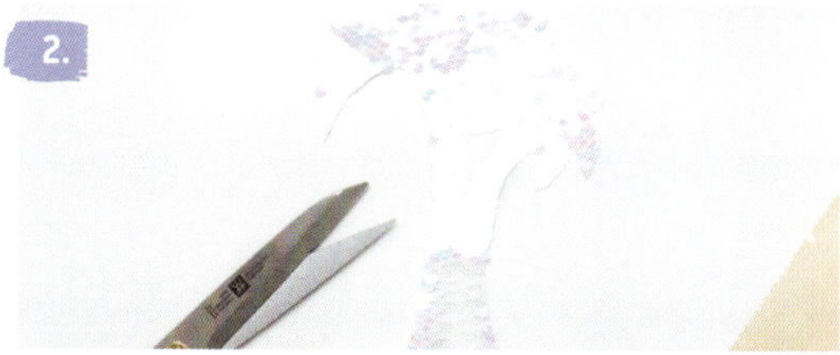

3.

4.

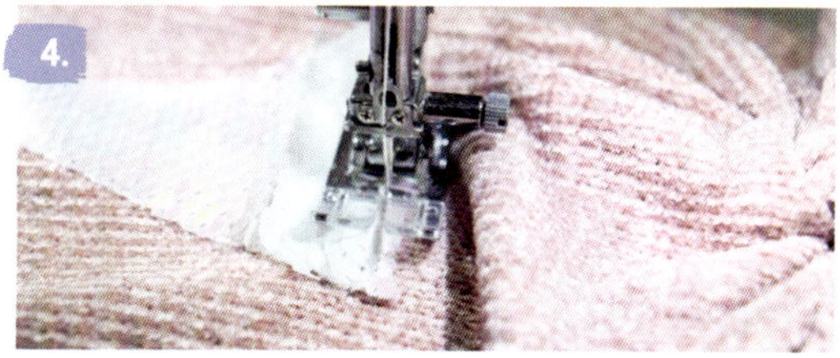

Größe 34–46

Punkte-Pulli mit VOLANTS

Material:

Als Material eignen sich etwas dünnere Sweatstoffe wie Sommersweat.

- 130 cm Sweatstoff mit Glitzerpunkten (140 cm breit)
- 30 cm mintfarbener Bündchenstoff
- Schnittteile: Punkte-Pulli Vorderteil (SB 1), Punkte-Pulli Rückteil (SB 1), Punkte-Pulli Ärmel (SB 2), Punkte-Pulli Volant (SB 2), Punkte-Pulli Halsbündchen (SB 2), Punkte-Pulli Saumbündchen (SB 2), Punkte-Pulli Armbündchen (SB 1)

Schnittanpassung:

Für den Punkte-Pulli wählst du den einfachen Grundschnitt, an den Armen und am Saum an der Bündchenlinie gekürzt. Am Halsausschnitt wählst du die untere Linie für Bündchen.

Zuschnitt:

Aus Hauptstoff

- 1 x Vorderteil im Stoffbruch
- 1 x Rückteil im Stoffbruch
- 2 x Ärmel gegengleich
- 2 x Volant

Aus Kontraststoff

- 1 x Halsbündchen im Stoffbruch
- 2 x Saumbündchen im Stoffbruch
- 2 x Armbündchen

Der Schnitt enthält bis auf die Bündchen und den Volant keine Nahtzugaben, bitte überall 1 cm Nahtzugabe dazugeben.

Los geht's

1. Schulternähte schließen
Als Erstes nähst du Vorder- und Rückteil an den Schulternähten rechts auf rechts mit 1 cm Nahtzugabe zusammen. Anschließend bügelst du die Nahtzugabe zum Rückteil.

2. Rollsaum nähen
An den Volants wird die äußere Rundung mit einem Rollsaum eingefasst. Falls deine Maschine keinen Rollsaum nähen kann, geht alternativ auch ein enger, schmaler Zickzackstich, der sich um die Schnittkante legt. Eine ausführlichere Anleitung findest du im Grundlagenteil auf Seite 22.

3. Volant annähen
Nun kannst du den Volant rechts auf rechts an den Armausschnitt von Vorder- und Rückteil stecken. Der Knips im Volant trifft auf die Schulternaht. Knappkantig annähen.

4. Ärmel positionieren
Jetzt steckst du die Ärmel rechts auf rechts an die Armausschnitte. Der Knips oben am Ärmel trifft auf die Schulternaht, der Knips hinten im Ärmel trifft auf den Knips im Rückteil. Der Volant liegt zwischen Ärmel und Oberteil. Mit 1 cm Nahtzugabe rechts auf rechts einnähen.

5. Ärmelnähte schließen
Als Nächstes faltest du den Pullover rechts auf rechts aufeinander, steckst die Seitennähte und Ärmelnähte jeweils aufeinander und nähst sie mit 1 cm Nahtzugabe zusammen. Die Nahtzugabe anschließend in Richtung des Rückteils bügeln und den Pullover auf rechts wenden.

6. Saumbündchen nähen
Nähe nun das Saumbündchen an, wie auf Seite 23 beschrieben.

7. Halsbündchen nähen
Jetzt fehlt noch das Halsbündchen, das in den Ausschnitt genäht werden muss.

8. Ärmelbündchen nähen
Zum Schluss müssen nur noch die Bündchen an die Ärmelsäume. Fertig!

1.

2.

3.
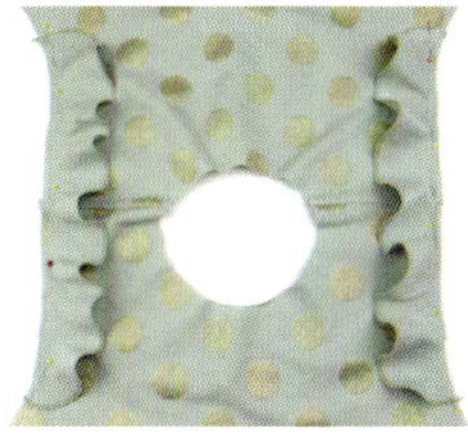

4.

5.

6.
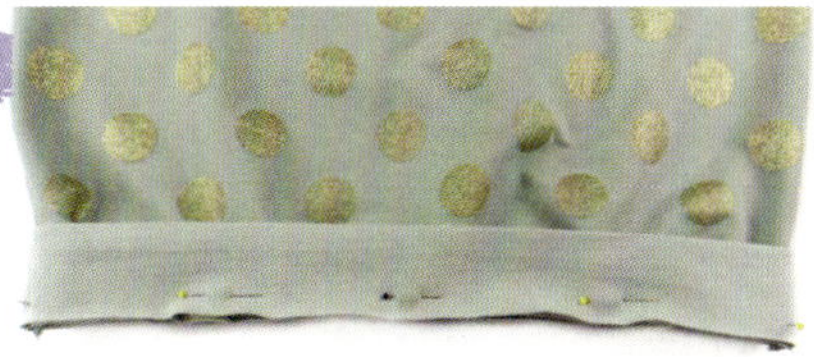

7.

8.

Herzchen-PULLI

Material:

- 65/135/155 cm Sweat (bis Gr. 116/140/164)
- ein Stück Wendepaillettenstoff
- Vliesofix
- Backpapier
- optional: Stickvlies
- Schnittteile: Herzchen-Pulli Vorderteil, Herzchen-Pulli Rückteil (beide SB 2), Herzchen-Pulli Ärmel, Herzchen-Pulli Hals-Einfassstreifen, Herzchen-Pulli Ärmel-Einfassstreifen, Herzchen-Pulli Applikation Herz (Rest SB 1)

Zuschnitt:

Aus Hauptstoff

- 1 x Herzchen-Pulli Vorderteil im Stoffbruch zuschneiden (Saumzugabe hinzufügen)
- 1 x Herzchen-Pulli Rückteil im Stoffbruch zuschneiden (Saumzugabe hinzufügen)
- 2 x Herzchen-Pulli Ärmel gegengleich zuschneiden
- 1x Herzchen-Pulli Hals-Einfassstreifen im Stoffbruch zuschneiden
- 2 x Herzchen-Pulli Ärmel-Einfassstreifen zuschneiden

Aus Vliesofix

- 1 x Herzchen-Pulli-Applikation Herz ohne Nahtzugabe übertragen

TIPP

An einzufassenden Kanten wie Halsausschnitt und Ärmelsaum benötigst du keine Nahtzugabe. Schneide deinen Einfassstreifen bei sehr voluminösen Stoffen lieber etwas breiter zu, damit er sich gut um die Schnittkante legt. Wähle bei gerundeten Säumen besser eine knappe Saumzugabe von 1,5 cm.

Los geht's

1. Motiv abpausen
Pause das Herzmotiv vom Schnittmusterbogen auf Vliesofix ab und schneide es grob aus. Bügle es anschließend vorsichtig auf die Rückseite des Paillettenstoffs auf. Schneide das Motiv aus. Nutze dafür keinesfalls deine Stoffschere und versuche beim Schneiden die Pailletten so zu verschieben, dass so viele Pailletten wie möglich erhalten bleiben.

2. Motiv platzieren
Ziehe das Trägerpapier von der Rückseite ab und platziere das Motiv auf deinem Vorderteil. Bügle es anschließend vorsichtig auf. Am besten legst du ein Stück Backpapier oder ein Bügeltuch zum Schutz zwischen Pailletten und Bügeleisen.

3. Stickvlies aufbügeln
Damit deine Nähmaschine die Applikation besser transportiert, kannst du jetzt das Motiv mit großzügiger Zugabe aus Stickvlies ausschneiden und auf die linke Seite des Vorderteils bügeln.

4. Unsichtbares Aufnähen
Um die Wendepailletten-Applikation unsichtbar aufzunähen, solltest du jetzt das Motiv reihenweise von rechts annähen. Ein Abstand von etwa fünf Reihen hat sich sehr gut bewährt. Weitere Tipps zur Verarbeitung von Wendepaillettenstoff findest du auf Seite 7 im Grundlagenteil.

5. Schulternähte schließen
Lege das Vorderteil rechts auf rechts auf das Rückteil. Stecke nun die beiden Schnittteile an den Schultern zusammen. Nähe die beiden Teile mit einem Versäuberungsstich zusammen und bügle die Nahtzugaben zum Rückteil hin.

6. Ärmel annähen
Jetzt klappst du Vorder- und Rückteil auseinander und legst alles mit der rechten Seite nach oben hin. Stecke den Ärmel rechts auf rechts gemäß den Markierungen an den Pulli. Nähe den Ärmel ungedehnt mit einem Versäuberungsstich an. Arbeite dann den zweiten Ärmel genauso.

1.

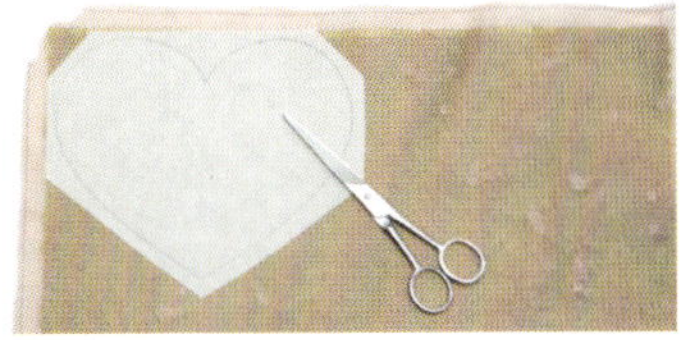

2.

3.

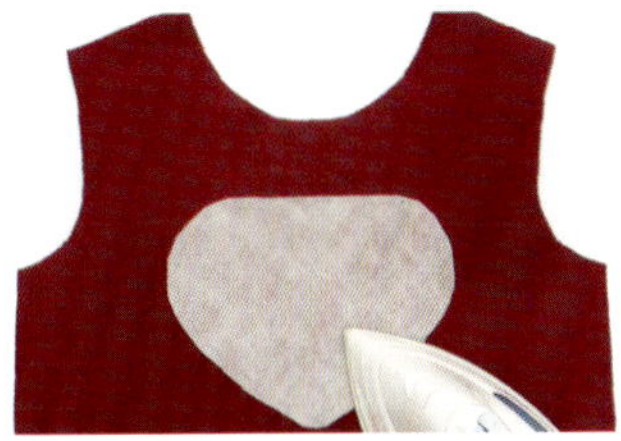

4.

5.

6.

7.

8.

9.

10.

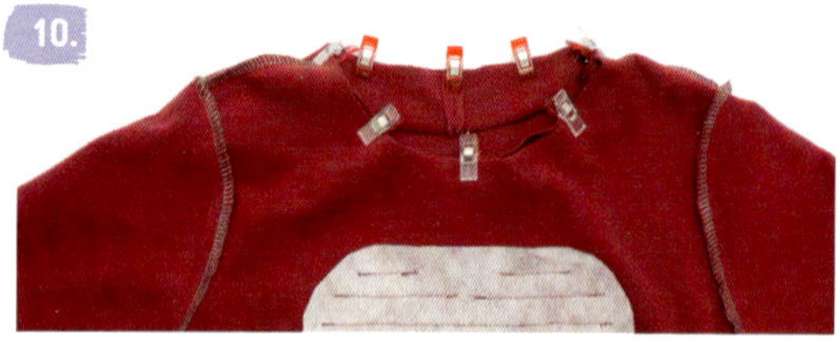

11.

12.

7. Seitennähte schließen
Falte den Pulli rechts auf rechts, um die Seiten- und Ärmelnähte zu schließen. Klappe dabei die Nahtkreuzungen der Ärmel in gegenläufige Richtungen. Stecke dann die Kanten fest und nähe sie auf beiden Seiten mit einem durchgehenden Versäuberungsstich zusammen.

8. Einfassstreifen vorbereiten
Falte den Einfassstreifen für den Halsausschnitt parallel zum Fadenlauf rechts auf rechts. Stecke die kurzen Seiten zum Ring zusammen und schließe diesen mit einer Naht.

9. Nahtzugabe auseinanderbügeln
Wenn du die Nahtzugaben wie bei der Bündchenverarbeitung auseinanderbügelst, liegt die Einfassung später schön flach. Markiere spätestens jetzt vordere und hintere Mitte sowie die Schulternähte. Du kannst den Einfassstreifen dazu auch vierteln.

10. Einfassstreifen positionieren
Schiebe den Einfassstreifen ungefaltet rechts auf rechts in den Halsausschnitt. Der Pulli bleibt auf links gewendet. Die Naht des Einfassstreifens trifft auf die hintere Mitte. Stecke den Einfassstreifen gemäß den Markierungen fest und nähe ihn mit einem Versäuberungsstich leicht gedehnt an. Am besten liegt beim Nähen der Einfassstreifen oben. Dehne beim Nähen dann nur den Einfassstreifen und nicht den Hauptstoff.

11. Wenden
Wende den Pulli auf rechts und falte den Einfassstreifen über die Nahtzugabe des Ausschnitts nach innen zur linken Stoffseite hin.

12. Einfassstreifen annähen
Klappe jetzt den Einfassstreifen so um, dass die Kante des Streifens bündig unter der Nahtzugabe verschwindet, und nähe ihn von der rechten Stoffseite her mit einem elastischen Stich knappkantig fest. Am einfachsten ist es, du wählst einen breiten Zickzackstich, damit du rundherum auch wirklich alle Lagen erfasst. Wenn dir ein innen versäuberter Abschluss nicht so wichtig ist, kannst du den Streifen auch wie in Punkt 15 beschrieben annähen.

13. Ärmelbündchen vorbereiten
Auch die Einfassstreifen für die Ärmel werden parallel zum Fadenlauf rechts auf rechts gefaltet. Stecke beide Einfassstreifen an der schmalen Seite zusammen und schließe sie mit einer Naht zum Ring. Bügle auch hier die Nahtzugaben auseinander.

13.

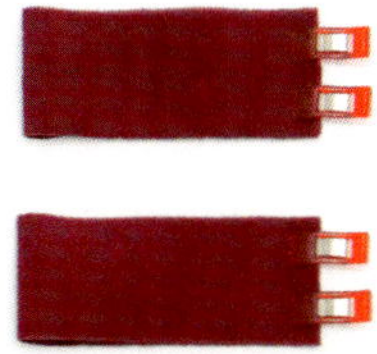

14. Ärmelbündchen annähen
Schiebe einen Einfassstreifen rechts auf rechts in den Ärmel. Der Pulli ist dabei auf links gewendet. Die Naht des Einfassstreifens trifft auf die Seitennaht. Stecke den Einfassstreifen fest und nähe ihn mit einem Versäuberungsstich leicht gedehnt an. Achte auch hier darauf, dass du nur den Einfassstreifen und nicht den Hauptstoff dehnst.

14.

15. Ärmelbündchen umfalten
Beim Ärmel kannst du den Einfassstreifen lediglich nach innen umfalten und von außen mit einem elastischen Stich festnähen, da ein innen versäuberter Abschluss hier nicht unbedingt notwendig ist. Schneide den überstehenden Stoff des Streifens knapp neben der Naht ab. Arbeite den zweiten Einfassstreifen genauso.

15.

16. Saum festnähen
Schlage den Saum um die von dir hinzugefügte Saumzugabe zur linken Seite hin und bügle die Faltkante. Gerade bei gerundeten Säumen gibt es ein schöneres Ergebnis, wenn du sorgfältig bügelst und steckst. Jetzt nähst du den Saum auf Höhe der Saumzugabe mit einem elastischen Stich fest. Wenn du eine Zwillingsnadel verwendest, musst du den Saum von rechts festnähen. Bügle den Saum anschließend erneut flach. Voilà! Dein schicker Herzchen-Pulli ist fertig.

16.

Turban-
HAARBAND

Material:

- ca. 120 x 20 cm Glitzer-Jersey in Rosa

Zuschnitt:

Aus Hauptstoff

- 2 x Rechteck: (Kopfumfang + 3 cm) x 20 cm

TIPP

Passend dazu kannst du dir superschnell und simpel aus Jerseyschrägbändern oder auch elastischen Einfassbändern passende Haar- und Armbänder machen. Dafür einfach Jerseyschrägbandreste in 20 cm große Stücke schneiden, verknoten und freuen ...

Los geht's

1. Stoffe zuschneiden
Rechne das Maß für dein Turbanteil aus und schneide es zweimal zu.

2. Seitennaht schließen
Falte die Schnittteile jeweils längs rechts auf rechts und schließe die lange Seite. Danach wenden, die Naht in die Mitte legen und die Bänder glatt bügeln.

3. Stoffbänder kreuzen
Lege die Stoffbänder gekreuzt vor dich, Naht auf Naht liegend. Das senkrechte Band liegt dabei oben.

4. Bänder falten
Falte das waagrechte Band um das senkrechte, Naht auf Naht.

5. Kanten zusammennähen
Nun alle offenen Kanten aufeinanderlegen und zusammennähen: Erst das obere Ende des senkrechten Bands mit Naht nach unten, darauf das untere Ende des Querbands mit Naht nach oben, dann das obere Ende des Querbands mit Naht nach unten und zuletzt das untere Ende des senkrechten Bands mit Naht nach oben.

6. Fertigstellen
Jetzt das Haarband noch zurechtzupfen und schon bist du fertig.

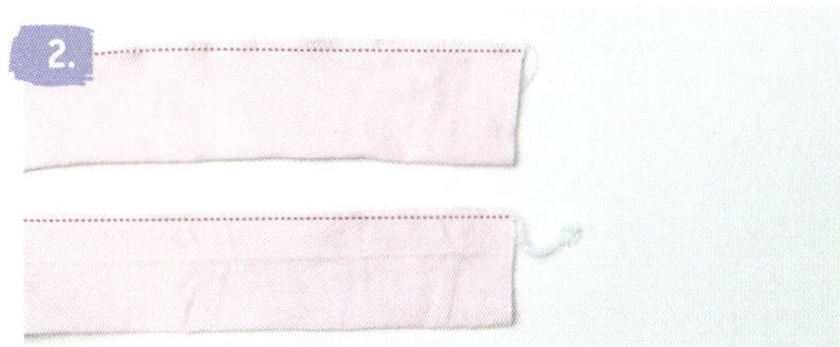

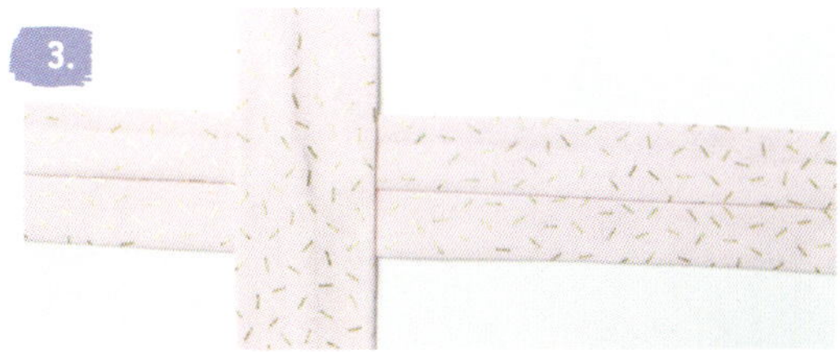

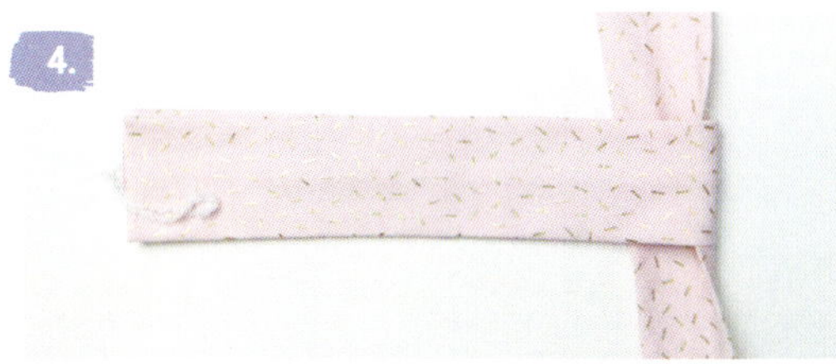

Größe 46–56

Glitzer-BEANIE

Material:

- 55 x 30 cm Glitzerjersey in Grau
- 55 x 30 cm Jersey in Rosa gemustert
- Paillettenband – je nach gewünschter Dekoration
- Schnittteile: Glitzer-Beanie (SB 2)

Zuschnitt:

Aus Hauptstoff

- 1 x Glitzer-Beanie im Stoffbruch

Aus Futterstoff

- 1 x Glitzer-Beanie im Stoffbruch

TIPP

Verwende hier nur nicht dehnbare Stoffe.

Los geht's

1. Paillettenband aufbringen
Verziere den Oberstoff der Mütze, wie auf Seite 79 beschrieben (Pullover mit Paillettenband).

2. Kanten schließen
Schlage die Seiten der Außenmütze rechts auf rechts in die Mitte und schließe die eingezeichneten Kanten. Wiederhole dies mit dem Futter.

3. Ober- und Seitenkanten schließen
Lege die Mützen jeweils so hin, dass die soeben geschlossenen Nähte in der Mitte liegen und aufeinandertreffen. Schließe die noch offene Ober- und Seitenkante, wie auf dem Bild eingezeichnet. Lass beim Futter aber eine Wendeöffnung.

4. Mützen vernähen
Stecke beide Mützen rechts auf rechts ineinander und nähe sie entlang der Unterkante ringsum zusammen. Durch die Wendeöffnung wenden. Schließe die Wendeöffnung, stülpe dann die Futtermütze in die Außenmütze, fertig.

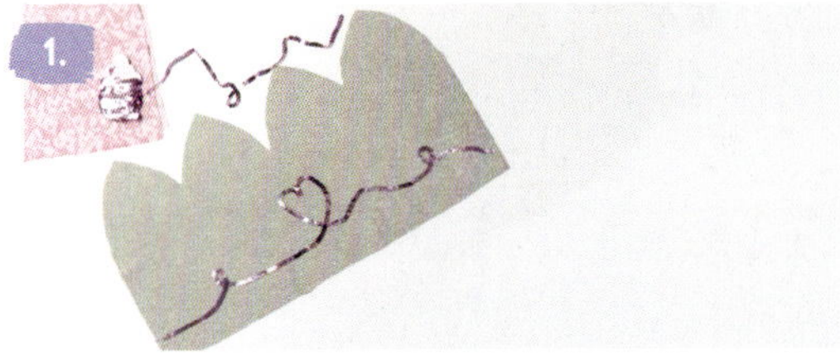

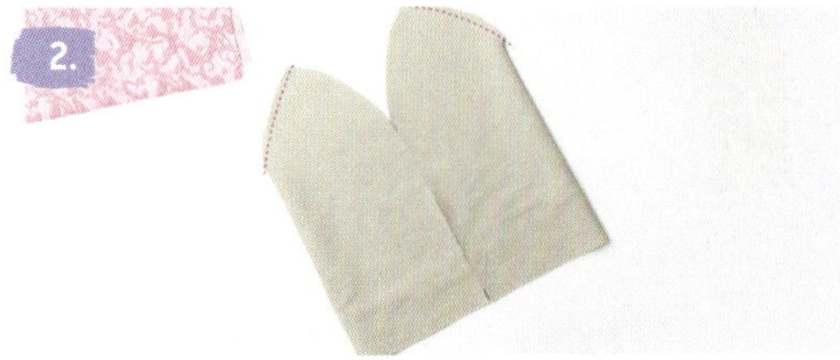

Zopf-GUMMI

Material:

- 50 x 5 cm Jersey in Rosa
- 18 cm Gummiband Kinder-Elastic, 5 mm breit
- Sicherheitsnadel
- Schnittteile: Zopfgummi Haarband, Zopfgummi Schleife (beide SB 2)

Zuschnitt:

Aus Hauptstoff

- 1 x Haarband im Stoffbruch
- 2 x Schleife

TIPP

Hier kannst du dehnbare und nicht dehnbare Stoffe verwenden, auch in Kombination.

Los geht's

1. **Schleifenteile schließen**
Lege die beiden Schleifenteile rechts auf rechts. Schließe mit einem Geradstich die Schleife, lass dabei eine Wendeöffnung. Falte das Haarband dann über die kurze Seite und schließe die lange Seite.

2. **Gummiband einziehen**
Wende beide Teile. Bei der Schleife die Wendeöffnung schließen. Ziehe das Gummiband mithilfe einer Sicherheitsnadel durch den Schlauch.

3. **Vernähen**
Schiebe den Stoff über dem Gummiband zusammen, bis beide Enden des Gummibands mit der Stoffkante gleichauf sind. Stecke die offenen Stoffkanten aufeinander, das Gummiband liegt dabei mittig im Stoff. Nähe alles mit einem Zickzackstich zusammen.

4. **Fertigstellen**
Die Schleife um die eben gesetzte Naht legen und verknoten. Fertig!

1.

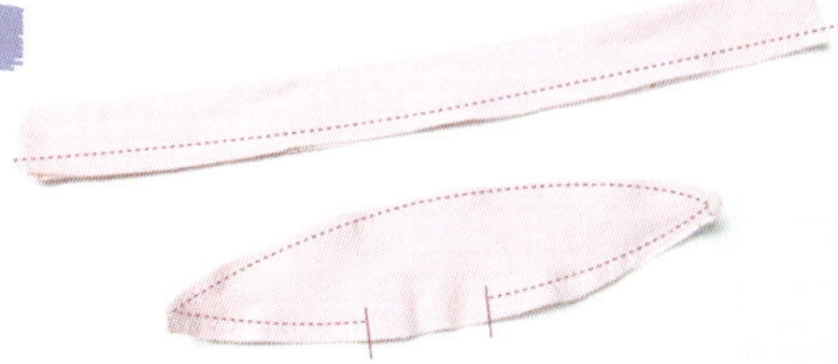

2.

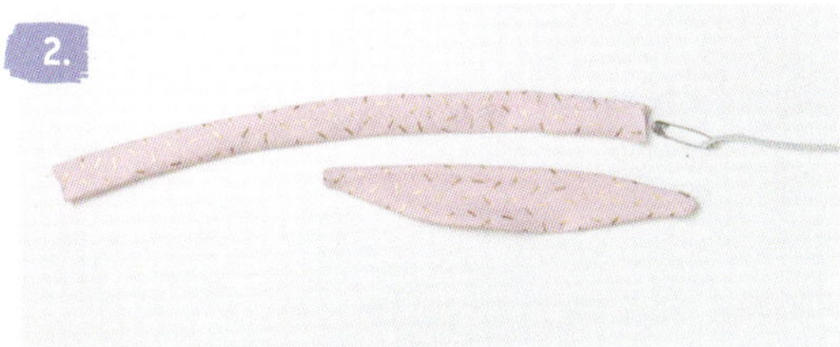

3.

4.

Schnittmusterbogen-ÜBERSICHT

SCHNITTMUSTERBOGEN 1

- Herzchen-Pulli Ärmel
- Herzchen-Pulli Hals-Einfassstreifen
- Herzchen-Pulli Ärmel-Einfassstreifen
- Herzchen-Pulli Applikation Herz
- Punkte-Pulli Vorderteil
- Punkte-Pulli Rückteil
- Punkte-Pulli Armbündchen
- Applikation Palme
- Melonen-Tasche Taschenbeutel
- Melonen-Ttasche Reißverschlussblende
- Melonen-Tasche Lasche
- Melonen-Tasche Melonenapplikation außen
- Melonen-Tasche Melonenapplikation innen
- Trinkflaschen-Hülle oberer Flaschenbeutel
- Trinkflaschen-Hülle unterer Flaschenbeutel
- Trinkflaschen-Hülle Boden
- Utensilo
- Schlappohr-Kissen Ohr
- Schlappohr-Kissen Hasengesicht
- Eis-Kissen oberes Vorderteil
- Eis-Kissen Vorderteil Mitte
- Eis-Kissen unteres Vorderteil
- Eis-Kissen Rückteil
- Eis-Kissen Eisstiel

SCHNITTMUSTERBOGEN 2

- Krimskrams-Tasche
- Zopfgummi Haarband
- Zopfgummi Schleife
- Glitzer-Beanie
- Herzchen-Pulli Rückteil
- Herzchen-Pulli Vorderteil
- Punkte-Pulli Ärmel
- Punkte-Pulli Volant
- Punkte-Pulli Halsbündchen
- Weekender Seitenteil
- Schablone Reißverschluss innen
- Punkte-Pulli Saumbündchen
- Sonnenbrillen-Etui Taschenklappe
- Handtasche Taschenfront
- Handtasche Steckfach außen
- Handtasche Reißverschlussfach außen
- Turnbeutel Taschenbeutel
- Turnbeutel Lasche
- Turnbeutel Fenster
- Hasen-Geldbeutel oberer Beutel
- Hasen-Geldbeutel unterer Beutel
- Hasen-Geldbeutel Ohr
- Hasen-Geldbeutel Lasche
- Glitzer-Lesezeichen